Hannah Arendt

Über das Böse

PIPER

Zu diesem Buch

Das Denken der deutsch-jüdischen Philosophin Hannah Arendt ist aktueller denn je. Vor dem Hintergrund des Eichmann-Prozesses und der »Verbrechen, die niemand für möglich gehalten hätte«, denkt Hannah Arendt 1965 in einer New Yorker Vorlesung über Fragen der Ethik und vor allem über das Böse nach. Eine Ethik »nach Auschwitz« kann, so Arendt, nur auf dem Denken und Erinnern gründen. Denn die größten Verbrecher sind, so sagt sie, diejenigen, die beides verweigern. Ein wichtiger Text zu einem zentralen Thema im Werk Hannah Arendts wird hier erstmals auf deutsch zugänglich gemacht. Franziska Augsteins Nachwort » Taten und Täter« nimmt Arendts Argumentation auf und führt sie weiter zum Thema Widerstand.

Hannah Arendt, am 14. Oktober 1906 im heutigen Hannover geboren und am 4. Dezember 1975 in New York gestorben, studierte unter anderem Philosophie bei Martin Heidegger und Karl Jaspers, bei dem sie 1928 promovierte. 1933 emigrierte Arendt nach Paris, 1941 nach New York. Von 1946 bis 1948 arbeitete sie als Lektorin, danach als freie Autorin. Sie war Gastprofessorin in Princeton und Professorin an der University of Chicago. Ab 1967 lehrte sie an der New School for Social Research in New York.

Hannah Arendt

Über das Böse

Eine Vorlesung zu Fragen der Ethik

Aus dem Nachlass herausgegeben von Jerome Kohn

Aus dem Englischen von Ursula Ludz

Nachwort von Franziska Augstein

PIPER

Mehr über unsere Autorinnen, Autoren und Bücher:
www.piper.de

Der Originaltext »Some Questions of Moral Philosophy« erschien zuerst in dem Band *Responsibility andJudgment*, den Jerome Kohn aus dem Nachlaß Hannah Arendts herausgegeben hat. Dieser Band wurde 2003 von Schocken Books, New York, veröffentlicht.

Eine Liste der von Hannah Arendt im Piper Verlag vorliegenden Bücher, finden Sie am Ende dieses Buches.

MIX
Papier | Fördert gute Waldnutzung
FSC® C021394

Ungekürzte Taschenbuchausgabe
ISBN 978-3-492-25063-4
1. Auflage Oktober 2007
16. Auflage November 2025

Piper Verlag GmbH, Georgenstraße 4, 80799 München, *www.piper.de*
Für einen direkten Kontakt und Fragen zum Produkt wenden Sie sich bitte an:
info@piper.de
Umschlaggestaltung: semper smile, München
Umschlagabbildung: Getty Images
Satz: Satz für Satz, Wangen im Allgäu
Gesetzt aus der Stempel Garamond
Litho: Lorenz & Zeller, Inning am Ammersee
Gedruckt von ScandBook in Litauen
Printed in the EU

Inhalt

EINIGE FRAGEN DER ETHIK

Vorlesung in vier Teilen

(New School for Social Research, New York 1965)

Die hier erstmals in deutscher Sprache vorgelegte Vorlesung hielt Hannah Arendt unter dem Titel »Some Questions of Moral Philosophy« 1965 an der New School for Social Research in New York. Die deutschen Titel für die Vorlesung und die Buchveröffentlichung wurden in Abstimmung mit der Übersetzerin Ursula Ludz vom Verlag festgelegt. Über die Hintergründe dieser Vorlesung und über einige Detailfragen der Edition informiert die Übersetzerin in »Zur deutschen Übersetzung« (S. 173–176).

Piper Verlag

I.

In den vergangenen Wochen haben viele von uns vermutlich ihre Gedanken zu Winston Spencer Churchill, dem größten Staatsmann, den unser Jahrhundert bisher hatte, zurückschweifen lassen. Nach einem unglaublich langen Leben, das seinen Höhepunkt erst an der Schwelle des hohen Alters erreichte, ist er vor kurzem gestorben. Wie fast alles, wofür er stand: in seinen Überzeugungen, seinen Schriften, in dem großen, doch nicht zu großen Gestus seiner Reden, bildete auch dieser Zufall, wenn es denn einer war, einen auffälligen Gegensatz zu allem, was wir für den Zeitgeist dieser Epoche halten mögen. Vielleicht ist es dieser Gegensatz, der uns am meisten berührt, wenn wir über Churchills Größe nachdenken. Man hat ihn eine aus dem 18. in das 20. Jahrhundert verschlagene Gestalt genannt, so als hätten die Tugenden der Vergangenheit sich unseres Schicksals in seiner verzweifeltsten Krise angenommen. Und das stimmt, denke ich, im gemeinten Sinn. Aber möglicherweise steckt noch mehr dahinter. In diesem Tausch der Jahrhunderte, so scheint es, blitzte für einen geschichtlich kurzen Augenblick eine zeitlose Höhe des menschlichen Geistes auf, um zu zeigen, daß all das, was Größe ausmacht – Vornehmheit, Würde, Standhaftigkeit und eine Art »lachender Mut« –, durch die Jahrhunderte im wesentlichen gleichbleibt.

Dennoch, so altmodisch oder, wie ich angedeutet habe, jenseits aller Moden Churchill auch gewesen sein mag, die entscheidenden Strömungen und Unterströmungen des Zeitalters, in dem er lebte, hatte er keinesfalls nicht wahrgenommen. In den 1930er Jahren, als die wahren Monstrositäten des Jahrhunderts noch unbekannt waren, schrieb er: »Scarcely anything, material or established, which I was brought up to believe was permanent and vital, has lasted. Everything I was sure, or was taught to be sure, was impossible, has happened.«[1] Ich wollte diese prägnanten Worte erwähnen, die erst einige Jahre, nachdem sie geäußert worden waren, leider ganz wahr wurden, um auf die auch hier dahinter oder darunter liegenden Erfahrungen aufmerksam zu machen. Unter den vielen Dingen, von denen man zu Beginn des Jahrhunderts immer noch annahm, daß sie »dauerhaft und lebenswichtig« wären, und die doch nicht überdauert haben, habe ich die moralischen ausgewählt. Auf sie wollen wir unsere Aufmerksamkeit richten: auf jene Fragen, die individuelles Betragen und Verhalten betreffen, die wenigen Regeln und Normen, aufgrund derer Menschen gewöhnlich Recht von Unrecht unterschieden, die zu Hilfe gerufen wurden, um Andere und sich selbst zu beurteilen oder zu rechtfertigen, und die für jede normale Person entweder als Teil göttlichen oder natürlichen Gesetzes selbstverständlich gültig waren. Und zwar solange, bis all dies ohne große Vorwarnung über Nacht zusammenbrach, als die Situation eintrat, daß die Moral plötzlich ohne Hüllen im ursprünglichen Sinn des Wortes dastand, als ein Kanon von »mores«, Sitten und Manieren nämlich, der gegen einen anderen ausgetauscht werden konnte, ohne daß das mehr Mühe gekostet hätte, als die Tischmanieren eines Einzelnen oder eines ganzen Volkes zu verändern. Wie unheimlich und wie erschreckend schien es plötzlich zu sein, daß ausgerechnet die Begriffe, die wir für diese Dinge gebrauchen – »Moral« mit dem lateinischen Ursprung, »Ethik« mit dem griechischen –, niemals etwas anderes gemeint haben sollten als Gebräuche und Gewohnheiten! Und auch, daß zweitausendfünfhundert Jahre des Denkens, wie es sich in der Literatur, der Philosophie und der Theologie niedergeschlagen hat, kein anderes Wort hervorgebracht haben sollten, trotz all der hochfliegenden Rede, all der Behauptungen und Predigten über die Existenz eines Gewissens, das mit gleicher Stimme zu allen Menschen spricht. Was war geschehen? Sind wir schließlich aus einem Traum erwacht?

Freilich gab es schon einige Wenige, die vorher gewußt hatten, daß da mit dieser Annahme, moralische Gebote seien selbstverständlich, etwas nicht stimmte, und bezweifelten, daß das »Du sollst nicht falsch Zeugnis reden« je die gleiche Geltung beanspruchen könnte wie die Behauptung: Zwei und zwei ist vier. Nietzsches Suche nach »neuen Werten« war sicher ein klares Zeichen für die Entwertung dessen, was seine Zeit »Werte« und was man früher richtiger Tugenden nannte. Die einzige Norm, die Nietzsche anzubieten hatte, war das Leben selbst, und seine Kritik an den traditionellen und im wesentlichen christlichen Tugenden war von der sehr viel allgemeineren Einsicht geleitet, daß nicht nur alle christlichen, sondern auch alle Platonischen Ethiken Richtmaße benutzen, die nicht aus dieser Welt, sondern von etwas, das jenseits von ihr liegt, abgeleitet werden – sei es dem Ideenhimmel, der sich über der dunklen Höhle der rein menschlichen Angelegenheiten wölbt, oder dem wahrlich transzendenten Jenseits eines göttlich verfügten Lebens nach dem Tode. Nietzsche bezeichnete sich als Moralist, und das war er zweifellos auch. Aber das Leben als das höchste Gut anzusetzen ist, was die Ethik angeht, eigentlich fragwürdig; denn alle Ethiken, die christlichen wie die nicht-christlichen, gehen davon aus, daß das Leben für sterbliche Menschen *nicht* das höchste Gut ist, daß im Leben immer mehr auf dem Spiel steht als die Aufrechterhaltung und Hervorbringung lebendiger Organismen. Das, was wichtig ist, mag sehr verschieden sein: Größe und Ruhm wie im vorsokratischen Griechenland; das Überdauern der Stadt wie in der römischen Tugendlehre; die Gesundheit der Seele in diesem Leben oder ihre Rettung im Jenseits; es mag Freiheit sein oder Gerechtigkeit oder dergleichen mehr.

Waren diese Dinge oder Grundsätze, von denen alle Tugenden letztlich abgeleitet werden, bloße Werte, die gegen andere Werte ausgetauscht werden konnten, wann immer die Menschen ihre Auffassungen darüber änderten? Und würden sie alle, wie Nietzsche zu zeigen scheint, angesichts des Vorrang beanspruchenden Lebens über Bord gehen? Nietzsche hat bestimmt nicht gewußt, daß durch menschliches Verhalten je die Existenz der Menschheit als ganzer aufs Spiel gesetzt werden könnte, und hinsichtlich dieses Grenzfalles könnte man in der Tat behaupten, daß das Leben, das Überleben der Welt und der menschlichen Spezies, das höchste Gut sei. Doch das würde nichts anderes bedeuten, als daß Ethik oder Moral einfach zu existieren aufhörten. Zudem ist dieser Gedanke grundsätzlich durch den alten lateinischen Spruch: »Fiat iustitia et pereat mundus«, schon vorweggenommen, und die [darin enthaltene rhetorische] Frage: Sollte die Welt untergehen, damit Gerechtigkeit geschähe?, hat Kant beantwortet: »Wenn die Gerechtigkeit untergeht, hat es keinen Wert mehr, daß Menschen auf Erden leben.«[2] Deshalb handelt es sich bei dem einzigen neuen moralischen Prinzip, das in der Neuzeit proklamiert wurde, nicht darum, daß »neue Werte« behauptet worden wären, sondern um die Negation der Moral als solcher, auch wenn natürlich Nietzsche das nicht wußte. Und seine bleibende Größe liegt darin, daß er zu zeigen wagte, wie schäbig und bedeutungslos Moral geworden war.

Churchill kleidete seine Worte in die Form einer Behauptung, aber wir sind im nachhinein versucht, sie auch als Vorahnung zu lesen. Und wenn es sich lediglich um eine Frage von Vorahnungen handelte, könnte ich sogar eine verblüffend hohe Zahl an Zitaten, die mindestens bis ins erste Drittel des 18. Jahrhunderts zurückgehen würden, als Belege anführen. Für uns jedoch kommt es in dieser Sache darauf an, daß wir es nicht mehr mit Vorahnungen zu tun haben, sondern mit Tatsachen.

Wir – zumindest die Älteren unter uns – haben in den 1930er und 1940er Jahren den totalen Zusammenbruch aller geltenden moralischen Normen im öffentlichen und privaten Leben miterlebt, nicht nur (wie heutzutage gewöhnlich angenommen wird) in Hitlers Deutschland, sondern auch in Stalins Rußland. Die Unterschiede zwischen beiden allerdings sind signifikant genug, um erwähnt zu werden. Oft ist festgestellt worden, daß die Russische Revolution einen gesellschaftlichen Umbruch und eine gesellschaftliche Neuformierung im gesamten Staatswesen herbeigeführt hat, wie sie selbst im Gefolge der radikalen faschistischen Diktatur von Nazi-Deutschland nicht zu beobachten waren, wo – zugegeben – die Eigentumsverhältnisse fast intakt gelassen und die in der Gesellschaft herrschenden Gruppen nicht beseitigt wurden. Daraus wird üblicherweise geschlossen, daß das, was im Dritten Reich geschah, wesensmäßig und nicht nur historisch zufällig weniger dauerhaft und weniger extrem war. Hinsichtlich politischer Entwicklungen im strengen Sinne mag dies stimmen oder auch nicht, doch wenn wir uns dem Problem der Moralität zuwenden, handelt es sich mit Sicherheit um einen Trugschluß. Von einem streng moralischen Standpunkt aus waren Stalins Verbrechen sozusagen altmodisch. Wie ein gewöhnlicher Verbrecher hat er sie niemals zugegeben, sondern mit einer Wolke aus Heuchelei und Doppelzüngigkeit umgeben, während seine Gefolgsleute sie als temporäre Mittel im Verfolg der »guten« Sache rechtfertigten oder, wenn sie ein wenig anspruchsvoller waren, mit den Gesetzen der Geschichte, denen sich der Revolutionär zu unterwerfen und, wenn nötig, zu opfern hätte.

Darüber hinaus deutet trotz all dem [kritischen] Gerede über die »bürgerliche Moral« nichts im Marxismus auf einen neuen Kanon moralischer Werte hin. Wenn irgend etwas für Lenin oder Trotzki als Vertreter des Berufsstandes der Revolutionäre kennzeichnend ist, so der naive Glaube, daß die Menschheit automatisch die wenigen seit Anbeginn der Geschichte bekannten und wiederholten moralischen Vorschriften befolgen werde, wenn erst einmal die gesellschaftlichen Zustände durch die Revolution verändert worden seien.

In dieser Hinsicht sind die deutschen Entwicklungen viel extremer und vielleicht auch enthüllender. Es gab nicht nur die grauenhafte Tatsache der mit Sorgfalt errichteten Todesfabriken und das völlige Fehlen von Heuchelei bei jener sehr erheblichen Zahl [von Personen], die an dem Ausrottungsprogramm beteiligt waren. Gleich wichtig, doch vielleicht noch erschreckender war die selbstverständliche Kollaboration seitens aller Schichten der deutschen Gesellschaft, einschließlich der alteingesessenen Eliten, die die Nazis unangetastet gelassen hatten und die sich mit der Partei an der Macht niemals identifizierten. Mit Blick auf die Tatsachen, glaube ich, ist es gerechtfertigt zu behaupten, daß das Nazi-Regime moralisch, nicht gesellschaftlich, extremer gewesen ist als das Stalin-Regime in seiner schlimmsten Gestalt. Das Nazi-Regime hat in der Tat einen neuen Wertekanon angekündigt und ein ihm entsprechendes Rechtssystem eingeführt. Es hat darüber hinaus den Beweis erbracht, daß niemand ein überzeugter Nazi sein mußte, um sich anzupassen und nicht seine gesellschaftliche Stellung, wohl aber die moralischen Überzeugungen, die einst mit ihr einhergingen, gleichsam über Nacht zu vergessen.

Im Zuge der Erörterung dieser Angelegenheiten und besonders der allgemeinen moralischen Verurteilung der Nazi-Verbrechen wird fast immer übersehen, daß das, was moralisch wirklich zur Debatte steht, nicht beim Verhalten von Nazis, sondern bei denjenigen auftrat, die sich nur »gleichschalteten« und nicht aus Überzeugung handelten. Es ist nicht zu schwer zu sehen, ja zu verstehen, wie jemand sich entscheiden mag, »ein Schurke zu werden«[3] und, wo sich die Gelegenheit bietet, eine Umkehrung der Zehn Gebote auszuprobieren – beginnend mit dem Gebot »Du sollst töten« bis hin zu der Vorschrift »Du sollst lügen«. In jeder Gemeinschaft gibt es, wie wir sehr wohl wissen, eine Reihe von Kriminellen, und da die meisten unter ihnen an einem eher beschränkten Einbildungsvermögen leiden, sei zugestanden, daß einige nicht weniger begabt sind als Hitler und manche seiner Handlanger. Was diese Menschen taten, war entsetzlich, und wie sie zuerst Deutschland und dann das besetzte Europa organisierten, ist von größtem Interesse für die politische Wissenschaft und die Erforschung der Staatsformen, doch weder im Falle der einen noch bei der anderen werden moralische Probleme aufgeworfen. Die Moral zerbrach und wurde zu einem bloßen Kanon von »mores« – von Manieren, Sitten, Konventionen, die man beliebig ändern kann – nicht bei den Kriminellen, sondern bei den gewöhnlichen Leuten, die sich, solange moralische Normen gesellschaftlich anerkannt waren, niemals hatten träumen lassen, daß sie an dem, was sie zu glauben gelehrt worden waren, hätten zweifeln können. Und diese Angelegenheit, das heißt das damit aufgeworfene Problem, ist nicht abgeschlossen, wenn wir zugeben, ja zugeben müssen, daß die Nazi-Doktrin sich im deutschen Volk nicht gehalten hat, daß Hitlers verbrecherische Moral sich ganz geschwind rückverwandelte, als die »Geschichte« die Niederlage anzeigte. Wir müssen nämlich sagen, daß wir nicht einmal, sondern zweimal den totalen Zusammenbruch einer »moralischen« Ordnung erlebt haben, und diese plötzliche Rückkehr zur »Normalität« kann, entgegen dem, was so oft selbstgefällig angenommen wird, unsere Zweifel nur verstärken.

Wenn ich an die zwei Jahrzehnte seit dem Ende des letzten Krieges zurückdenke, habe ich das Gefühl, daß dieses moralische Problem im Schlummer gelegen hat, weil es von etwas zugedeckt war, über das zu sprechen in der Tat äußerst schwierig und das zu begreifen fast unmöglich ist – vom Horror selbst in seiner nackten Monstrosität. Als wir erstmals mit ihm konfrontiert wurden, schien er nicht nur für mich, sondern für viele Andere alle moralischen Kategorien ebenso hinter sich zu lassen, wie er sicher alle juristischen Normen sprengte. Man konnte dem auf verschiedene Weise Ausdruck verleihen. Ich habe gewöhnlich gesagt, daß dies etwas ist, das niemals hätte geschehen dürfen; denn die Menschen werden unfähig sein, es zu bestrafen oder zu vergeben. Hiermit uns zu versöhnen und es zu begreifen, werden wir nicht in der Lage sein, was wir aber bei allem Vergangenen tun sollten – entweder deshalb, weil es schlecht war und wir es hinter uns lassen müssen, oder weil es gut war und wir nicht ertragen können, es loszulassen. Dies ist eine Vergangenheit, die mit den Jahren schlimmer geworden ist, und das vor allem deshalb, weil die Deutschen sich so lange Zeit weigerten, sogar die Mörder unter sich vor Gericht zu stellen, aber teilweise auch weil diese Vergangenheit von niemandem »bewältigt« werden konnte. Sogar die berühmte heilende Kraft der Zeit hat sich hier nicht eingestellt. Im Gegenteil, diese Vergangenheit hat es geschafft, mit den Jahren schlimmer zu werden, so daß wir manchmal versucht sind zu denken, dies werde nie vorbei sein, solange wir nicht alle gestorben sind. Ohne Zweifel ist das teilweise der Selbstgefälligkeit des Adenauer-Regimes geschuldet, das für so lange Zeit absolut nichts gegen die berühmten »Mörder in unserer Mitte« unternahm und die Beteiligung am Hitler-Regime nicht als Grund ansah, jemanden von öffentlichen Ämtern auszuschließen, es sei denn, sie lag an der Grenze zur Kriminalität. Doch dies sind, denke ich, nur Teilerklärungen. Tatsache ist auch, daß diese Vergangenheit sich für jedermann, nicht nur für die deutsche Nation, als »unbewältigt« erwies. Und die Unfähigkeit von zivilisierten Gerichtsverfahren, sie juristisch in Begriffe zu fassen, deren Beharren auf der heuchlerischen Behauptung, daß diese neumodischen Mörder sich in keiner Weise von den gewöhnlichen unterscheiden und aus den gleichen Motiven heraus handelten, ist nur eine, wenn auch langfristig die verhängnisvollste Folge dieser Lage der Dinge. Ich werde hier nicht darauf eingehen, da wir doch über die moralischen, nicht die juristischen Fragen sprechen. Worauf ich hinweisen wollte, ist, daß dasselbe sprachlose Entsetzen, diese Weigerung, das Undenkbare zu denken, die sehr notwendige Neubewertung rechtlicher Kategorien vielleicht ebenso verhindert hat, wie es uns jene im strengen Sinne moralischen und, wie zu hoffen ist, eher zu bewältigenden Lektionen hat vergessen lassen, die mit der ganzen Geschichte eng verbunden sind und die verglichen mit dem Horror wie harmlose Nebenfragen aussehen.

Unglücklicherweise gibt es einen weiteren Aspekt, der bei unserem Unternehmen als Hindernis eingerechnet werden muß. Da es den Menschen schwer fällt – und dies mit Recht –, mit etwas zu leben, das ihnen den Atem raubt und sie sprachlos macht, haben sie allzu oft der offensichtlichen Versuchung nachgegeben, ihre Sprachlosigkeit in alle möglichen auf der Hand liegende Sprachgebilde, die, immer natürlich unangemessen, gefühlsmäßige Erregung ausdrücken, zu übertragen. Die Folge ist, daß heute die ganze Geschichte gewöhnlich in Begriffen der Gefühlswelt, die als solche nicht unbedingt kitschig sein müssen, erzählt wird, um sie zu sentimentalisieren und zu verkitschen. Es gibt sehr wenige Beispiele, für die das nicht zutrifft, und diese sind meist unerkannt oder unbekannt. Die ganze Atmosphäre, in der die Dinge heutzutage diskutiert werden, ist mit Gefühlen, oft nicht gerade großen Formats, aufgeladen, und wer immer diese Fragen anspricht, muß damit rechnen, wenn überhaupt noch möglich auf ein Niveau heruntergezogen zu werden, auf dem ernsthaft nicht mehr diskutiert werden kann. Wie dem auch sei, lassen Sie uns diesen Unterschied zwischen dem sprachlosen Entsetzen, in dem man nichts lernt als das, was direkt kommuniziert werden kann, und den nicht schrecklichen, aber oft abscheulichen Erfahrungen, wo das Verhalten von Menschen dem normalen Urteil unterliegt und wo die Frage von Moral und Ethik entsteht, im Auge behalten.

Ich sagte, daß dieses moralische Problem während eines beträchtlichen Zeitraums geschlummert habe, und ließ damit durchblicken, daß es während der letzten wenigen Jahre wieder zum Leben erwacht sei. Wie ist es dazu gekommen? In meiner Sicht sind es verschiedene miteinander verwobene, sich tendenziell verstärkende Dinge. Als erstes und bedeutendstes war da die Wirkung der nach dem Krieg eingeleiteten Gerichtsverfahren gegen die sogenannten Kriegsverbrecher. Was hier entscheidend war, war die einfache Tatsache der Gerichtsverhandlung, die jeden, sogar die Politikwissenschaftler zwang, diese Angelegenheiten unter moralischen Gesichtspunkten zu betrachten. Dabei ist, wie ich meine, wohl bekannt, daß es kaum einen Berufsstand gibt, in dem Sie Menschen finden, die moralischen Normen, ja selbst der Norm der Gerechtigkeit, mit soviel Vorsicht und Mißtrauen begegnen, wie den der Juristen. Auch die modernen sozialen und psychologischen Wissenschaften haben natürlich zu dieser allgemein skeptischen Haltung beigetragen. Und doch, die einfache Tatsache des strafgerichtlichen Verfahrens, die Abfolge von Anklage-Verteidigung-Urteilsspruch, die in all den verschiedenen Rechtssystemen fortdauert und so alt ist wie die überlieferte Geschichte, trotzt allen Skrupeln und Zweifeln – sicher nicht in dem Sinne, daß sie sie zur Ruhe bringen könnte, wohl aber insoweit, als diese besondere Institution auf der Annahme von persönlicher Verantwortung und Schuld einerseits und auf dem Glauben an ein funktionierendes Gewissen andererseits beruht. Rechtliche und moralische Fragen sind keineswegs gleichzusetzen, aber es ist ihnen gemeinsam, daß sie es mit Personen zu tun haben und nicht mit Systemen oder Organisationen.

Die unbezweifelbar große Bedeutung der Rechtsprechung liegt darin, daß sie ihre Aufmerksamkeit auf die Person des Einzelnen richten muß, und das selbst im Zeitalter der Massengesellschaft, wo jeder der Versuchung unterliegt, sich nur als ein Rädchen in einer Art von Maschinensystem zu sehen – sei es in den gut geölten Maschinen von großen bürokratischen Unternehmen im gesellschaftlichen, politischen oder beruflichen Bereich oder in dem chaotischen, schlecht eingestellten Zufallsmuster von Umständen, unter denen wir alle unser Leben irgendwie leben. Das fast automatische Abwälzen von Verantwortung, wie es in der modernen Gesellschaft üblich ist, kommt in dem Augenblick, in dem Sie einen Gerichtssaal betreten, plötzlich zum Stillstand. Alle nicht spezifischen, abstrakten Rechtfertigungen brechen zusammen – alles, angefangen beim »Zeitgeist« bis hinunter zum Ödipuskomplex, womit zu verstehen gegeben wird, daß Sie kein Mensch sind, sondern eine Funktion von etwas und deshalb selbst ein eher austauschbares Ding denn ein Jemand. Ganz egal, was die wissenschaftlichen Moden der Zeit vorschreiben, egal wie sie die öffentliche Meinung durchdrungen und so auch die Praktiker des Rechts beeinflußt haben mögen, die Institution ihrerseits setzt sich über sie hinweg und muß das tun oder aus dieser Welt verschwinden. Und in dem Augenblick, in dem Sie es mit der Person eines Einzelnen zu tun haben, lautet die Frage, die zu stellen ist, nicht mehr: Wie funktionierte dieses System?, sondern vielmehr: Warum wurde der Angeklagte ein Funktionär in dieser Organisation?[4]

Damit soll natürlich nicht geleugnet werden, daß es für die Politik- und Sozialwissenschaften wichtig ist, das Funktionieren totalitärer Herrschaftsapparate zu verstehen sowie das Wesen der Bürokratie mit ihrer unvermeidlichen Tendenz, welche aus Menschen Funktionäre, schlichte Rädchen in den Verwaltungsmaschinen macht, sie also entmenschlicht, zu durchleuchten. Was ich betonen wollte, ist, daß die Rechtsprechung diese Faktoren nur in dem Maße berücksichtigen kann, in dem sie Umstände, vielleicht mildernde Umstände, dessen sind, was immer ein Mensch aus Fleisch und Blut getan hat. In einer perfekten Bürokratie – welche, im Rahmen der Staatsformenlehre, die Herrschaft des Niemand ist – wäre die Gerichtsverhandlung überflüssig. Man müßte lediglich untaugliche Rädchen gegen besser taugliche austauschen. Als Hitler sagte, er erhoffe sich den Tag, an dem es in Deutschland für eine Schande gehalten würde, ein Jurist zu sein, sprach er mit großer Folgerichtigkeit von seinem Traum einer perfekten Bürokratie.

Das sprachlose Entsetzen, das ich zuvor als eine adäquate Reaktion auf das System als ganzes erwähnte, löst sich im Gerichtssaal auf, wo wir es mit Personen in dem geordneten Diskurs von Anklage, Verteidigung und Urteilsspruch zu tun haben. Der Grund, warum diese Gerichtsverhandlungen spezifisch moralische Fragen zum Vorschein bringen konnten – was bei Prozessen gegen gewöhnliche Verbrecher nicht der Fall ist –, liegt auf der Hand. Diese Leute waren keine gewöhnlichen Verbrecher, sondern ganz normale Zeitgenossen, die mit mehr oder weniger Enthusiasmus Verbrechen begangen hatten, einfach weil sie das taten, was man von ihnen verlangt hatte. Unter ihnen waren zwar auch gewöhnliche Verbrecher, die im Nazisystem das ungestraft tun konnten, was sie sich schon immer gewünscht hatten. Doch so sehr auch bei dem, was von diesen Prozessen in die Öffentlichkeit gelangte, die Sadisten und Perversen im Rampenlicht standen, in unserem Zusammenhang sind sie von wenig Interesse.

Es kann gezeigt werden, denke ich, daß diese Prozesse dazu führten, daß man sich allgemein eindringlicher mit der besonderen Schuld befaßte, welche diejenigen anteilig trugen, die nicht als Verbrecher eingestuft werden konnten, aber dennoch in dem Regime ihre Rolle spielten, oder all jener, die nur den Mund hielten und die Dinge, wie sie waren, zuließen, als sie eine Stellung innehatten, in der sie hätten reden können. Sie erinnern sich an den Sturm der Entrüstung anläßlich Hochhuths Anklage gegen Papst Pius XII. und auch anläßlich meines Buches über den Eichmannprozeß. Das herausragende Kennzeichen beider »Kontroversen« war, wenn wir dabei die Stimmen direkter Interessenvertreter – des Vatikans oder der jüdischen Organisationen – außer acht lassen, ein überwältigendes Interesse an streng moralischen Fragen. Noch verblüffender als dieses Interesse war jedoch möglicherweise die unglaubliche moralische Verwirrung, die diese Debatten an den Tag brachten – zusammen mit einer merkwürdigen Neigung, sich auf die Seite des Beschuldigten, wer immer er auch jeweils sein mochte, zu stellen. Es gab einen ganzen Chor von Stimmen, die mir versicherten, daß es »einen Eichmann in jedem von uns« gäbe, ebenso wie da ein Chor war, der Hochhuth sagte, daß nicht Papst Pius XII. – also lediglich ein Mann und ein Papst – schuldig war, sondern die ganze Christenheit, ja sogar das ganze Menschengeschlecht. Die einzigen wirklich Schuldigen, so glaubte man häufig und sagte es sogar, waren Leute wie Hochhuth und ich, die sich ein Urteil erlaubten; denn keiner könnte urteilen, der nicht in der gleichen Lage gewesen sei, in welcher ein Jeder sich vermutlich genauso verhalten hätte wie alle Anderen. Dieser Standpunkt übrigens deckte sich auf eigenartige Weise mit Eichmanns Sicht dieser Dinge.

Mit anderen Worten, während man moralische Fragen leidenschaftlich debattierte, wich man ihnen gleichzeitig aus und vermied sie mit gleichem Eifer. Und dies lag nicht an den jeweils aufgeworfenen spezifischen Fragen, sondern scheint immer dann der Fall zu sein, wenn moralische Themen zur Diskussion stehen, nicht im allgemeinen, sondern in einem besonderen Fall. So erinnere ich mich an eine Sache, die sich vor ein paar Jahren im Zusammenhang mit dem berühmten Betrug in einer Quiz-Show im Fernsehen zugetragen hatte. Hans Morgenthau hatte in einem Artikel im *New York Times Magazine* (»Reaction to the Van Doren Reaction«) das, was nahelag, ausgesprochen: daß es Unrecht war, aus Geldgründen zu betrügen, zweimal Unrecht, dies in geistigen Dingen, und dreimal, es als akademischer Lehrer zu tun. Die Reaktion hierauf war heißeste Empörung: Ein solches Urteil stelle sich gegen das Gebot der christlichen Mitmenschlichkeit; von keinem Menschen, es sei denn von einem Heiligen, könne man erwarten, daß er der Versuchung von soviel Geld widerstehe. Und das war nicht zynisch gemeint, um sich über spießerhafte Ehrbarkeit lustig zu machen. Es war auch nicht nihilistisch gedacht. Niemand sagte – wie es vor dreißig oder vierzig Jahren, zumindest in Europa, die Regel gewesen wäre –, daß Betrügen Spaß macht, Tugend langweilig ist und moralische Menschen ermüden. Auch hat keiner gesagt, daß an dem Fernsehprogramm etwas nicht in Ordnung war, daß so etwas wie eine 64-Tausend-Dollar-Frage zu betrügerischem Verhalten geradezu einlud. Ferner stand keiner auf, um die Würde der Bildung zu verteidigen und die Universität zu kritisieren, die eines ihrer Mitglieder nicht davon abgehalten hatte, sich so etwas wie eindeutig unprofessionelles Verhalten zu leisten (was selbst dann der Fall gewesen wäre, wenn es keinen Betrug gegeben hätte). Aus den zahlreichen Briefen, die auf den Artikel antworteten, wurde sehr deutlich, daß die Öffentlichkeit, einschließlich vieler Studenten, überwiegend der Meinung war, nur eine Person sei eindeutig zu tadeln: der Mann, der urteilte – nicht der Mann, der Unrecht getan hatte, nicht eine Institution, nicht die Gesellschaft im allgemeinen oder die Massenmedien im besonderen.[5]

Lassen Sie mich nun kurz etwas zu den allgemeinen Fragen sagen, die diese Sachlage, wie ich sie sehe, auf die Tagesordnung gesetzt hat. Als erstes, meine ich, ist zu folgern, daß niemand, der seine fünf Sinne beisammen hat, weiterhin behaupten kann: Das Moralische versteht sich von selbst[6] – eine Annahme, mit der die Generation, zu der ich gehöre, noch aufgewachsen ist. Diese Annahme schloß eine scharfe Trennung zwischen Legalität und Moralität ein, und während eine vage, unartikulierte Übereinkunft darüber bestand, daß im großen und ganzen im Recht des Landes das niedergeschrieben ist, was das moralische Gesetz jeweils verlangt, gab es nicht viel Zweifel daran, daß das moralische Gesetz im Konfliktfalle das höhere und zuallererst zu befolgen wäre. Dieser Anspruch wiederum hatte nur dann einen Sinn, wenn wir all jene Erscheinungen für selbstverständlich halten, an die wir gewöhnlich denken, wenn wir vom menschlichen Gewissen sprechen. Was immer die Quelle moralischen Wissens sein mag – göttliche Gebote oder die menschliche Vernunft: Jeder gesunde Mensch, so wurde angenommen, hatte eine Stimme in sich, die ihm sagte, was Recht und was Unrecht ist, und dies unabhängig vom Recht des Landes und den Stimmen seiner Mitmenschen. Kant hat einmal erwähnt, daß da eine Schwierigkeit liegen könnte: »Den Begriff der Tugend würde kein Mensch haben, wenn er immer unter lauter Spitzbuben wäre.«[7] Aber er meinte damit nicht mehr, als daß der menschliche Geist in diesen Dingen von Beispielen geleitet wird. Nicht für einen Augenblick hätte er daran gezweifelt, daß die menschliche Vernunft, wenn sie sich dem Beispiel der Tugend gegenübersieht, gewußt hätte, was Recht ist, und daß das Gegenteil Unrecht ist. Gewiß, Kant glaubte, er hätte der Formel, die der menschliche Verstand anwendet, wann immer er Recht von Unrecht unterscheiden muß, Worte verliehen. Er nannte diese Formel den kategorischen Imperativ. Doch er bildete sich nicht ein, er hätte eine moralphilosophische Entdeckung gemacht, so daß keiner vor ihm gewußt hätte, was Recht und was Unrecht ist. Das wäre in der Tat eine absurde Behauptung gewesen. Er verglich seine Formel (über die in den kommenden Vorlesungen mehr zu sagen sein wird) mit einem »Kompaß«, der es der »gemeinen Menschenvernunft« erleichtern wird, »zu unterscheiden das, was gut, was böse … sei, wenn man, ohne sie im mindesten etwas Neues zu lehren, sie nur, wie Sokrates tat, auf ihr eigenes Prinzip aufmerksam macht, und daß es also keiner Wissenschaft und Philosophie bedürfe, um zu wissen, was man zu tun habe, um ehrlich und gut … zu sein. Das ließe sich auch wohl schon zum voraus vermuten, daß die Kenntnis dessen, was zu tun, mithin auch zu wissen jedem Menschen obliegt, auch jedes, selbst des gemeinsten Menschen Sache sein werde.«[8] Und wenn jemand Kant gefragt hätte, wo dieses Wissen, das jedermann besitzt, seinen Ort hat, hätte er geantwortet: in der vernünftigen Struktur des menschlichen Geistes, wohingegen andere natürlich dasselbe Wissen im menschlichen Herzen verortet hätten. Was Kant als nicht selbstverständlich angesehen hätte, ist, daß der Mensch auch entsprechend seinem Urteil handeln wird. Der Mensch ist nicht nur ein Vernunftwesen, er gehört auch in die Welt der Sinne, die ihn der Versuchung aussetzen werden, seinen Neigungen anstatt seiner Vernunft und seinem Herzen zu folgen. Somit versteht sich moralisches Betragen nicht von selbst, aber moralisches Wissen, das Wissen über Recht und

Unrecht sehr wohl. Da Neigungen und die Versuchung in der menschlichen Natur, doch nicht in der menschlichen Vernunft, verwurzelt sind, nannte Kant die Tatsache, daß der Mensch, seinen Neigungen folgend, versucht ist, Böses zu tun, das »radikal Böse«. Weder er noch irgendein anderer Moralphilosoph glaubte, daß der Mensch das Böse um seiner selbst willen wollen könnte; alle Übertretungen werden von Kant so erklärt, daß ein Mensch versucht ist, Ausnahmen hinsichtlich eines Gesetzes zu machen, das er im übrigen als gültig anerkennt. Das heißt, der Dieb erkennt die Eigentumsgesetze an, ja er selbst wünscht sich, unter ihrem Schutz zu stehen, und gestattet sich zu seinen eigenen Gunsten nur eine zeitweilige Ausnahme.

Niemand will böse sein, und jene, die trotzdem böse handeln, fallen in ein »absurdum morale«, in moralische Absurdität. Der, der das tut, befindet sich eigentlich im Widerspruch mit sich selbst, mit seinem eigenen Verstand und muß sich deshalb, in Kants Worten, selbst verachten. Daß diese Furcht vor der Selbstverachtung wohl kaum ausreichen würde, um Gesetzlichkeit zu garantieren, ist offensichtlich; doch solange Sie sich in einer Gesellschaft von gesetzestreuen Bürgern bewegten, nahmen Sie irgendwie an, daß es mit Selbstverachtung gehen würde. Kant natürlich wußte, daß es mit Selbstverachtung, besser mit der Furcht, sich selbst verachten zu müssen, oft nicht ging, und seine Erklärung hierfür war, daß der Mensch sich selbst belügen kann. Deshalb hat er wiederholt erklärt, daß der wirklich »faule Fleck« in der menschlichen Natur die Verlogenheit, das Vermögen zu lügen sei.[9] Diese Behauptung scheint auf den ersten Blick sehr überraschend, weil keiner unserer ethischen oder religiösen Codices (mit Ausnahme dessen von Zarathustra) je ein Gebot »Du sollst nicht lügen« enthalten hat – ganz abgesehen davon, daß nicht nur wir, sondern alle zivilisierten Völker in ihren Codices den Mord an die erste Stelle auf der Liste der menschlichen Verbrechen gesetzt haben. Seltsamerweise scheint Dostojewski, natürlich ohne es zu wissen, Kants Meinung geteilt zu haben. In *Die Brüder Karamasow* fragt Fedor Pawlowitsch K. den Staretz: Was muß ich tun, um erlöst zu werden? Woraufhin der Staretz erwidert: Vor allem belüge dich nicht selbst!

Bei dieser sehr schematischen und vorläufigen Darstellung habe ich alle spezifisch religiösen moralischen Vorschriften und Glaubenssätze ausgelassen, nicht weil ich sie für unwichtig halte (genau das Gegenteil ist der Fall), sondern weil sie in dem Moment, in dem die Moral zusammenbrach, kaum noch eine Rolle spielten. Ganz klar fürchtete nun niemand mehr einen rächenden Gott oder, noch konkreter gesprochen, mögliche Strafen im Jenseits. So hat Nietzsche einmal bemerkt: »Naivität, als ob Moral übrigbliebe, wenn der sanktionierende Gott fehlt! Das ›Jenseits‹ absolut notwendig, wenn der Glaube an Moral aufrechterhalten werden soll.«[10] Auch dachten die Kirchen nicht daran, ihren Gläubigen in dieser Weise zu drohen, nachdem sich erst einmal herausgestellt hatte, daß die Verbrechen von staatlicher Autorität gefordert waren. Und jene Wenigen im Rahmen der Kirchen und in allen anderen Lebensbereichen, die es ablehnten, sich an Verbrechen zu beteiligen, beriefen sich nicht auf religiöse Glaubenssätze oder Ängste, selbst wenn sie gläubig waren, sondern erklärten einfach wie Andere auch, daß sie die Verantwortung für solche Taten nicht hätten übernehmen können. Das klingt recht sonderbar und steht sicher im Widerspruch zu den unzähligen frommen Verlautbarungen der Kirchen nach dem Krieg, besonders auch zu den allseits wiederholten Mahnungen, nichts könne uns retten außer einer Rückkehr zur Religion. Aber es ist eine Tatsache und zeigt, in welchem Ausmaß Religion, wenn sie mehr ist als ein gesellschaftliches Unternehmen, nun wirklich zur privatesten aller privaten Angelegenheiten geworden ist. Denn selbstverständlich wissen wir nicht, was sich in den Herzen dieser Menschen abspielte, ob sie Angst vor der Hölle und der ewigen Verdammung hatten. Alles, was wir wissen, ist, daß kaum einer der Meinung war, daß sich diese ältesten Glaubensüberzeugungen für eine öffentliche Rechtfertigung geeignet hätten.

Es gibt aber noch einen anderen Grund, warum ich die Religion unerwähnt ließ und damit begann, auf die große Bedeutung von Kant in diesen Angelegenheiten hinzuweisen. Die Moralphilosophie hat keinen Platz, wo immer Religion, und besonders die Offenbarungsreligionen im hebräisch-christlichen Sinn, gültiger Maßstab für menschliches Verhalten und gültiges Kriterium für dessen Beurteilung ist. Damit ist natürlich nicht gesagt, daß bestimmte Lehren, die wir nur im religiösen Zusammenhang kennen, nicht von größter Bedeutung für die Moralphilosophie wären. Wenn Sie auf die traditionelle, vormoderne Philosophie, wie sie sich im Rahmen der christlichen Religion entwickelt hat, zurückschauen, werden Sie sofort erkennen, daß es innerhalb der Philosophie keine Unterabteilung Moral gegeben hat. Die mittelalterliche Philosophie war unterteilt in Kosmologie, Ontologie, Psychologie und rationale Theologie – d. h. in eine Lehre von der Natur und dem Universum, eine Lehre vom Sein, eine Lehre von der Natur des menschlichen Geistes und der Seele und schließlich eine Lehre von den rationalen Beweisen der Existenz Gottes. Insoweit »ethische« Fragen überhaupt, besonders bei Thomas von Aquin, diskutiert wurden, geschah das wie in der Antike – wo die Ethik zur politischen Philosophie gehörte –, indem man das Verhalten des Menschen, sofern er ein Bürger war, bestimmte. So haben Sie bei Aristoteles zwei Abhandlungen, die zusammengenommen das beinhalten, was er selbst die Philosophie über die menschlichen Dinge nennt: seine *Nikomachische Ethik* und seine *Politik*. Die erstgenannte handelt vom Bürger, die letztere von den bürgerlichen Institutionen; erstere ist vorangestellt, weil das »gute Leben« des Bürgers die »raison d'être« der Polis, der Stadt als Institution ist. Ziel ist herauszufinden, welches die beste Verfassung ist, und die Abhandlung über das gute Leben, die *Ethik*, endet mit einem Programmentwurf für die Abhandlung über die Politik. Thomas von Aquin, der sowohl treuer Schüler des Aristoteles als auch Christ war, muß immer an den Punkt kommen, an dem er sich vom Meister unterscheidet, und nirgends ist der Unterschied eklatanter, als wenn er darauf besteht, daß jeder Fehler oder jede Sünde die Gesetze verletzt, die die göttliche Vernunft der Natur vorschreibt. Gewiß, Aristoteles kennt das Göttliche auch, das für ihn das Unvergängliche und Unsterbliche ist, und auch er ist der Meinung, daß die höchste Tugend des Menschen, eben weil er sterblich ist, darin besteht, soviel wie möglich in der Nachbarschaft des Göttlichen zu wohnen. Aber es gibt keine dahingehende Vorschrift, kein entsprechendes Gebot, die befolgt oder nicht befolgt werden könnten. Alles dreht sich um das »gute Leben«, darum, welches Leben für den Menschen das beste ist, also um etwas, das herauszufinden und zu beurteilen offensichtlich dem Menschen aufgegeben ist.

In der Spätantike, nach dem Untergang der Polis, entwickelten die verschiedenen Schulen der Philosophie, besonders die Stoiker und die Epikuräer, nicht nur eine Art von Moralphilosophie, sie neigten auch dazu, zumindest in ihren spätrömischen Ausprägungen, alle Philosophie in Morallehren zu verwandeln. Die Suche nach dem guten Leben blieb die gleiche: Wie kann ich hier auf Erden höchste Glückseligkeit erlangen? Nur wurde diese Frage nun aller politischen Implikationen entledigt und von Menschen in ihrer Eigenschaft als Privatpersonen aufgeworfen. Diese Literatur insgesamt ist voller weiser Ratschläge, doch werden Sie hier nicht, ebensowenig wie bei Aristoteles, ein wirkliches, letztlich unbegründetes Gebot finden – wie Sie es andererseits bei allen religiösen Lehren antreffen müssen. Selbst Thomas von Aquin, der größte theologisch-philosophische Systematiker des Christentums, mußte zugeben, daß der letzte Grund, weshalb eine bestimmte Vorschrift richtig und ein bestimmtes Gebot zu befolgen seien, in deren göttlichem Ursprung liege. Gott hat das gesagt.

Nur im Rahmen von *geoffenbarter* Religion kann dies eine schlüssige Antwort sein; außerhalb dieses Rahmens müssen wir jene Frage stellen, die, soweit mir bekannt, Sokrates als erster gestellt hat. In Platos *Euthyphron* möchte er wissen: Lieben die Götter die Frömmigkeit, weil sie fromm ist, oder ist sie fromm, weil die Götter sie lieben? Oder um es anders auszudrücken: Lieben die Götter die Güte, weil sie gut ist, oder nennen wir die Güte gut, weil die Götter sie lieben? Sokrates gibt die Frage an uns weiter, und ein Glaubender ist fraglos verpflichtet zu sagen, daß sich die guten Grundsätze von den bösen durch ihren göttlichen Ursprung unterscheiden – sie befinden sich im Einklang mit den Gesetzen, die Gott der Natur und dem Menschen, als der Krone seiner Schöpfung, gegeben hat. Insofern der Mensch ein Geschöpf Gottes ist, müssen selbstverständlich diejenigen Dinge, die Gott »liebt«, ihm auch als gut erscheinen, und in diesem Sinne hat Thomas, als würde er auf die Frage des Sokrates antworten, einmal bemerkt, daß Gott das Gute befiehlt, weil es gut ist – und dies gegen Duns Scotus, der der Auffassung war, daß das Gute gut ist, weil Gott es befiehlt. Doch selbst in dieser rationalisiertesten Form liegt der *Zwang*scharakter des Guten für den Menschen im Befehl Gottes. Daraus folgt der überaus wichtige Grundsatz, daß Sünde in der Religion, nicht in der Moral, vor allem als Ungehorsam verstanden wird. In der streng religiösen Tradition werden Sie nirgends die eindeutige und wirklich radikale Antwort finden, die Kant auf die Frage des Sokrates gegeben hat: »Wir werden ... Handlungen nicht darum für verbindlich halten, weil sie Gebote Gottes sind, sondern sie darum als göttliche Gebote ansehen, weil wir dazu innerlich verbindlich sind.«[11] Nur wenn diese Emanzipation von den religiösen Geboten erreicht werden kann, wenn, in Kants eigenen Worten in einer Vorlesung über Ethik, »wir selbst die Offenbarung beurteilen«[12], wenn also die Moralität eine rein menschliche Angelegenheit ist, können wir von Moralphilosophie sprechen. Und derselbe Kant, der in seiner theoretischen Philosophie so darauf bedacht war, die Tür für die Religion offenzuhalten, selbst dann noch, als er gezeigt hatte, daß wir in diesen Angelegenheiten kein Wissen besitzen, dieser Kant war gleichermaßen darauf bedacht, in seiner praktischen Philosophie alle Wege zu blockieren, die zur Religion hätten zurückführen können. Ebenso wie »Gott kein Urheber ist, daß der Triangel drei Winkel hat«, so gilt auch: »Von moralischen Gesetzen ist ... kein Wesen, auch das göttliche nicht ein Urheber ...«[13] Moralphilosophie in diesem unzweideutigen Sinn hat nach der Antike bis hin zu Kant aufgehört zu existieren. Möglicherweise denken Sie in diesem Zusammenhang an Spinoza, der sein Hauptwerk *Ethik* nannte, doch er beginnt es mit einer Sektion (»Pars prima«), die den Titel »Von Gott« trägt, und alles, was folgt, ist von diesem ersten Teil abgeleitet. Ob es seit Kant eine Moralphilosophie gibt, ist zumindest eine offene Frage.

Aufgrund dessen, was wir bisher gehört haben, scheint moralisches Verhalten [erstens] vor allem vom Umgang des Menschen im Gespräch mit sich selbst abzuhängen. Er darf sich selbst nicht widersprechen, indem er zu seinen Gunsten eine Ausnahme macht; er darf sich nicht selbst in eine

Lage bringen, in der er sich verachten müßte. Moralisch gesprochen sollte dies nicht nur ausreichen, um ihn zu befähigen, Recht von Unrecht zu unterscheiden, sondern auch Rechtes zu tun und Unrechtes zu meiden. Mit der gedanklichen Folgerichtigkeit, die das Kennzeichen eines großen Philosophen ist, stellt Kant deshalb die Pflichten, die der Mensch sich selbst gegenüber hat, vor diejenigen, die er gegenüber Anderen hat – was wirklich sehr überraschend ist, weil es in einem bemerkenswerten Widerspruch zu dem steht, was wir üblicherweise unter moralischem Verhalten verstehen. Es geht bestimmt nicht um die Sorge für den Anderen, sondern um die Sorge für das Selbst, nicht um Demut, sondern um menschliche Würde, ja menschlichen Stolz. Maßstab ist weder die auf irgendeinen Nachbarn gerichtete Liebe noch die Selbst-Liebe, sondern die Selbstachtung.

Das kommt besonders klar und schön in einer berühmten Stelle von Kants *Kritik der praktischen Vernunft* zum Ausdruck: »Zwei Dinge erfüllen das Gemüt mit immer neuer und zunehmender Bewunderung und Ehrfurcht, je öfter und anhaltender sich das Nachdenken damit beschäftigt: Der bestirnte Himmel über mir und das moralische Gesetz in mir.« Man könnte daraus schließen, daß diese »zwei Dinge« auf derselben Ebene liegen und auf den menschlichen Geist in derselben Weise einwirken. Nein, das Gegenteil ist der Fall. Kant fährt fort: »Der erstere Anblick einer zahllosen Weltenmenge vernichtet gleichsam meine Wichtigkeit, als eines tierischen Geschöpfs ... Der zweite erhebt dagegen meinen Wert, als einer Intelligenz, unendlich, durch meine Persönlichkeit, in welcher das moralische

Gesetz mir ein von der Tierheit und selbst von der ganzen Sinnenwelt unabhängiges Leben offenbart.«[14] Was mich also vor der Auflösung bewahrt, davor, »ein bloßer Punkt« in der Unendlichkeit des Weltalls zu sein, ist genau dieses »unsichtbare Selbst«, das seine Kraft mit ihm messen kann. Ich unterstreiche dieses Element des Stolzes nicht nur, weil es quer zur christlichen Ethik steht, sondern auch weil mir jene, die heute diese Dinge diskutieren, das Gefühl dafür in starkem Maße verloren zu haben scheinen – und dies meist ohne auch nur zu wissen, wie die christliche Tugend der Demut anzurufen wäre. Damit jedoch soll nicht geleugnet werden, daß es hinsichtlich dieser moralischen Sorge um das Selbst ein schwerwiegendes Problem gibt. Wie schwer es sein könnte, ist daraus abzulesen, daß auch die allgemeinen moralischen Vorschriften der religiösen Gebote nicht formuliert werden konnten, ohne sich an das Selbst als letztes Maß zu wenden – »Liebe deinen Nächsten wie dich selbst« oder »Was du nicht willst, das man dir tu, das füg auch keinem Andern zu«.

Zweitens hat moralisches Verhalten nichts mit Gehorsam gegenüber irgendeinem von außen gegebenen Recht zu tun – mag es sich dabei um das Gesetz Gottes oder die Gesetze der Menschen handeln. In Kants Verständnis liegt hier der Unterschied zwischen Legalität und Moralität. Legalität ist moralisch neutral; sie hat ihren Platz in der institutionalisierten Religion und in der Politik, aber nicht in der Moralität. Die politische Ordnung erfordert nicht moralische Integrität, sondern lediglich gesetzestreue Bürger, und die Kirche ist immer eine Kirche der Sünder. Diese Ordnungen von gegebenen Gemeinschaften müssen von der moralischen Ordnung, die für alle Menschen, ja alle vernünftigen Wesen verbindlich ist, unterschieden werden. Mit Kants eigenen Worten: »Das Problem der Staatserrichtung ist, so hart wie es auch klingt, selbst für ein Volk von Teufeln (wenn sie nur Verstand haben), auflösbar.«[15] Gleichermaßen hat man gesagt, daß der Teufel einen guten Theologen abgäbe. Gehorsam mag in der politischen Ordnung ebenso wie im religiösen Rahmen seinen Platz haben, und so wie dieser Gehorsam in der institutionalisierten Religion nur durch die Androhung künftiger Strafen erzwungen wird, so gibt es die rechtliche Ordnung nur im Ausmaß vorhandener Sanktionen. Was nicht bestraft werden kann, ist erlaubt. Wenn von mir jedoch überhaupt gesagt werden kann, daß ich dem kategorischen Imperativ gehorche, so ist damit gesagt, daß ich meiner eigenen Vernunft gehorche, und das Gesetz, das ich mir selbst gebe, gilt für alle vernünftigen Geschöpfe, alle »Intelligenzen«, ganz gleich, wo sie ihren Wohnsitz haben. Denn ich will mir nicht widersprechen, ich handele so, daß die Maxime meines Handelns ein allgemeines Gesetz werden kann. Ich bin der Gesetzgeber, Sünde oder Verbrechen können nicht mehr als Ungehorsam gegenüber dem Gesetz eines Anderen bestimmt werden, sondern im Gegenteil als Weigerung, meine Rolle als Gesetzgeber der Welt zu spielen.

Dieser rebellische Aspekt von Kants Lehren wird häufig übersehen, weil er seine allgemeine Aussage – daß die moralische Tat eine Tat ist, die ein allgemein gültiges Gesetz aufstellt – in die Form eines Imperativs gekleidet hat, anstatt sie in einer Behauptung zu formulieren. Der Hauptgrund für dieses Kantsche Selbst-Mißverständnis ist die höchst mehrdeutige Bedeutung des Wortes »Gesetz« in der abendländischen Denktradition. Als Kant vom moralischen Gesetz sprach, benutzte er das Wort entsprechend dem politischen Sprachgebrauch, in welchem das Gesetz eines Landes als alle Einwohner verpflichtend betrachtet wird – und zwar in dem Sinne, daß sie ihm gehorchen müssen. Solcher Gehorsam wiederum, wie er als meine Haltung gegenüber dem Gesetz des Landes bestimmt wird, verdankt sich der Veränderung, welche der Begriff durch den religiösen Gebrauch angenommen hat, wo das Gesetz Gottes den Menschen in der Tat nur in der Form eines Befehls (»Du sollst …«) anspricht – in der Form der Verpflichtung, die sich, wie wir gesehen haben, nicht aus dem Inhalt des Gesetzes ergibt, noch aus der möglichen Zustimmung des Menschen zu ihm, sondern aus der Tatsache, daß Gott uns das gesagt hat. Hier zählt nichts anderes als Gehorsam.

Zu diesen beiden miteinander verbundenen Bedeutungen des Wortes müssen wir noch den sehr bedeutenden und ganz anderen Sprachgebrauch hinzufügen, der durch die Verbindung des Begriffs Gesetz mit der Natur entstanden ist. Naturgesetze sind sozusagen auch verpflichtend. Wenn ich sterbe, folge ich einem Naturgesetz, doch da kann nicht beziehungsweise nur metaphorisch gesagt werden, daß ich ihm gehorche. Kant unterschied deshalb zwischen »Naturgesetzen« und den moralischen »Freiheitsgesetzen«, die keine Notwendigkeit, sondern eine Verpflichtung mit sich tragen. Doch wenn wir unter Gesetz entweder Gebote, denen ich gehorchen muß, oder die Notwendigkeit der Natur, der ich sowieso unterworfen bin, verstehen, dann ist der Begriff »Freiheitsgesetz« ein Widerspruch in sich. Der Grund, weshalb wir uns dieses Widerspruchs nicht bewußt sind, liegt darin, daß selbst in unserem Gebrauch viel ältere Konnotationen aus der griechischen und besonders der römischen Antike vorhanden sind – Konnotationen, die, was immer sie im einzelnen kundtun mögen, nichts mit Geboten und Gehorsam oder Notwendigkeit zu tun haben.

Kant bestimmte den kategorischen Imperativ, indem er ihn dem hypothetischen gegenüberstellte. Der letztgenannte sagt uns, was wir tun sollen, wenn wir ein bestimmtes Ziel erreichen wollen; er weist auf ein Mittel zu einem Zweck hin. Damit ist er eigentlich gar kein Imperativ im moralischen Sinne. Der kategorische Imperativ sagt uns, was wir tun sollen, ohne uns auf etwas anderes zu beziehen. Die genannte Unterscheidung ist nicht aus moralischen Erscheinungen abgeleitet, sondern stammt aus Kants Analyse bestimmter Sätze in der *Kritik der reinen Vernunft*, wo Sie kategorische und hypothetische (ebenso wie disjunktive) Sätze in der Tafel der Urteile finden. Ein kategorischer Satz könnte beispielweise sein: Dieser Körper ist schwer. Ihm könnte als hypothetischer Satz entsprechen: Wenn ich diesen Körper aushalte, schwanke ich unter seinem Gewicht. In seiner *Kritik der praktischen Vernunft* hat Kant diese Sätze in Imperative verwandelt, um ihnen einen verpflichtenden Charakter zu geben. Auch wenn der Inhalt aus der Vernunft abgeleitet ist – und die Vernunft zwingen kann, doch niemals in der Form eines Imperativs (keiner kann jemandem sagen: Du sollst sagen, daß zwei und zwei gleich vier ist!) –, wird die imperative Form als notwendig angesehen, weil sich hier der vernünftige Satz an den Willen wendet. Mit Kants eigenen Worten: »Die Vorstellung eines objektiven Prinzips, sofern es für einen Willen nötigend ist, heißt ein Gebot (der Vernunft) und die Formel des Gebots heißt Imperativ.«[16]

Gibt also die Vernunft dem Willen Befehle? Dann wäre der Wille nicht mehr frei, sondern würde unter dem Diktat der Vernunft stehen. Die Vernunft kann dem Willen nur sagen: Vernunftgemäß ist das gut; wenn du es erreichen willst, mußt du entsprechend handeln. Was in Kants Begriffen eine Art hypothetischer Imperativ wäre, oder überhaupt kein Imperativ. Und die Verwirrung wird nicht geringer, wenn wir hören, daß »der Wille nichts anders [ist], als praktische Vernunft« und daß »die Vernunft den Willen unausbleiblich bestimmt«, so daß wir entweder folgern müssen, daß die Vernunft sich selbst bestimmt, oder mit Kant, daß »der Wille ein Vermögen [ist], nur dasjenige zu wählen, was die Vernunft … als gut erkennt«[17]. Daraus würde folgen, daß der Wille nichts ist als ein Ausführungsorgan der Vernunft, die »Exekutive« der menschlichen Vermögen – eine Folgerung, die im flagrantesten Widerspruch steht zu dem berühmten ersten Satz des Werkes, aus dem ich zitiert habe, der *Grundlegung zur Metaphysik der Sitten*: »Es ist überall nichts in der Welt, ja überhaupt auch außer derselben zu denken möglich, was ohne Einschränkung für gut könnte gehalten werden, als allein ein guter Wille.«

Etwas von der Verwirrung, in die ich Sie geführt habe, entsteht aus jener Verwirrung, die dem menschlichen Vermögen des Willens selbst eignet – einem Vermögen, das die antike Philosophie nicht kannte und das in seiner einschüchternden Komplexität nicht vor Paulus und Augustinus entdeckt wurde. Ich werde hierauf später zurückkommen. Jetzt will ich Ihre Aufmerksamkeit nur darauf richten, daß Kant es für nötig hielt, seinem vernünftigen Satz einen zwingenden Charakter zu geben; denn – anders als hinsichtlich der Verwirrungen beim Willen – hat sich die Moralphilosophie seit ihrem Anfang bei Sokrates mit dem Problem, moralische Sätze zwingend zu machen, herumgeschlagen. Als Sokrates sagte, es sei besser, Unrecht zu leiden, als Unrecht zu tun, stellte er eine Behauptung auf, die von ihm aus gesehen eine Behauptung der Vernunft war, und das Schwierige an dieser Behauptung ist seitdem gewesen, daß sie nicht bewiesen werden kann. Ihre Gültigkeit kann nicht aufgezeigt werden, ohne daß man sich aus dem Diskurs vernünftiger Argumentation herausbegibt. Zudem haben Sie bei Kant wie bei aller Philosophie nach der Antike das Problem, wie der Wille überredet werden kann, das Diktat der Vernunft zu akzeptieren. Wenn wir die Widersprüche beiseite lassen und uns nur an das halten, was Kant sagen wollte, dann hat er offenbar an einen Guten Willen als den Willen gedacht, der »Ja, ich will« antwortet, wenn ihm gesagt wird: »Du sollst«. Und um diese Beziehung zwischen den zwei menschlichen Vermögen [Denken und Wollen], die eindeutig nicht gleichzusetzen sind und von denen eindeutig nicht das eine automatisch das andere bestimmt, zu beschreiben, hat er die

Form des Imperativs gewählt und den Begriff des Gehorsams sozusagen durch die Hintertür eingeführt.[18]

Schließlich ist da die Verwirrung, die am meisten schockiert und die ich vorhin nur angedeutet habe: die Umgehung, das Ausweichen vor oder Wegerklären der menschlichen Schlechtigkeit. Wenn sich die Tradition der Moralphilosophie von Sokrates bis Kant und, wie wir sehen werden, bis heute (im Unterschied zur Tradition religiösen Denkens) in einem Punkt einig ist, dann darin, daß es für den Menschen unmöglich ist, vorsätzlich schlechte Dinge zu tun, das Böse um des Bösen willen zu wollen. Gewiß, der Katalog der menschlichen Laster ist alt und inhaltsreich, doch kommt eigenartigerweise in einer Aufzählung, bei der weder Völlerei noch Faulheit (im Grunde kleinere Vergehen) fehlen, der Sadismus, das reine Vergnügen an der Erzeugung und Betrachtung von Schmerz und Leid, nicht vor, das heißt das eine Laster, das wir berechtigterweise als das Laster aller Laster bezeichnen können und das während ungezählter Jahrhunderte nur in der pornographischen Literatur und in der Malerei des Abartigen bekannt war. Es mag immer recht alltäglich gewesen sein, aber üblicherweise war es ins Schlafzimmer verbannt und wurde nur selten in den Gerichtssaal hineingetragen. Selbst die Bibel, in der alle anderen menschlichen Unvollkommenheiten an irgendeiner Stelle vorkommen, schweigt sich, soviel ich weiß, darüber aus; und dies mag der Grund sein, warum Tertullian und auch Thomas von Aquin sozusagen in aller Unschuld die Betrachtung der Leiden in der Hölle zu den Freuden zählten, die im Paradies erwartet werden konnten. Der erste, der dies wirklich als Skandal empfand, war Nietzsche.[19] Thomas von Aquin hat, das sei nebenbei bemerkt, die künftigen Freuden genauer bestimmt: Den Heiligen gefallen nicht die Leiden als solche, sondern als Beweise der göttlichen Gerechtigkeit.

Doch hierbei handelt es sich lediglich um Laster, und das religiöse, im Gegensatz zum philosophischen Denken berichtet von der Erbsünde und der Verdorbenheit der menschlichen Natur. Aber selbst da hören wir nichts von bewußtem Unrechttun. Kain wollte nicht Kain werden, als er ging und Abel erschlug, und selbst Judas Ischariot, herausragendstes Beispiel sterblicher Sünde, ging und erhängte sich. Religiös (nicht moralisch) gesprochen, scheint es so, als müßte ihnen allen vergeben werden, weil sie nicht wußten, was sie taten. Es gibt eine Ausnahme, und sie findet sich in dem, was Jesus von Nazareth lehrte, bei jenem selben Jesus, der predigte, daß all jene Sünden vergeben werden, welche auf die eine oder andere Weise durch menschliche Schwäche, d. h., dogmatisch gesprochen, durch die Verdorbenheit der menschlichen Natur infolge der Erbsünde, erklärt werden können. Dieser große Freund der Sünder – all jener, die sich vergangen haben – erwähnt einmal im gleichen Zusammenhang, daß es Andere gäbe, die »skandala« verursachen, also verwerfliche Taten begehen, und sagt: Jedem von ihnen »wäre besser, daß ein Mühlstein an seinen Hals gehänget, und er ersäuft würde im Meer«[20]. Besser wäre es, wenn er nie geboren worden wäre. Doch Jesus sagt uns nicht, was das für verwerfliche Taten waren. Wir haben das Gefühl, daß seine Worte wahr sind, aber genau kennen wir die Wahrheit nicht.

Wir könnten ein bißchen besser dran sein, wenn wir uns erlaubten, die Literatur heranzuziehen, also Shakespeare, Melville oder Dostojewski, bei denen wir die großen Schurken finden. Auch sie mögen nicht in der Lage sein, uns Genaues über das Wesen des Bösen zu erzählen, aber wenigstens weichen sie ihm nicht aus. Wir wissen, ja können fast sehen, wie es sie dauernd verfolgt hat und wie gut sie über die Möglichkeiten der menschlichen Schlechtigkeit Bescheid wußten. Und doch frage ich mich, ob uns das sehr viel weiterhelfen würde. Bei den größten Schurken – Jago (nicht Macbeth oder Richard III.), Claggart in Melvilles *Billy Budd* – und überall bei Dostojewski gibt es in den Tiefen immer Verzweiflung und den Neid, der zur Verzweiflung gehört. Daß alles Radikal-Böse aus den Tiefen der Verzweiflung kommt, hat uns ausdrücklich Kierkegaard gesagt – und wir hätten es von Miltons Satan und vielen anderen lernen können. Es klingt so sehr überzeugend und plausibel, weil uns auch gesagt und beigebracht wurde, daß der Teufel nicht nur »diabolos« ist, nicht nur Verleumder, der falsch Zeugnis redet, oder Satan, der Gegner, der den Menschen in Versuchung führt, sondern daß er auch Luzifer ist, der Lichtbringer, ein gefallener Engel. Mit anderen Worten, wir brauchten Hegel und die Kraft der Negation nicht, um das Beste und das Schlechteste miteinander zu verbinden. Schon immer gab es um den wirklichen Übeltäter so etwas wie eine Aura von Vornehmheit, allerdings selbstverständlich nicht bei den kleinen Halunken, die lügen und beim Spiel betrügen. Jago und Claggart handeln aus Neid auf diejenigen, von denen sie wissen, daß sie besser sind als sie selbst; beneidet wird die schlichte, gottgegebene Vornehmheit des Mohren [Othello] oder die sogar noch schlichtere Reinheit und Unschuld eines Unterdeck-Matrosen [Billy Budd], demgegenüber Claggart ganz klar gesellschaftlich und beruflich besser dasteht. Die psychologische Einsicht von Kierkegaard oder der ihm folgenden Literatur stelle ich nicht infrage. Doch ist nicht offensichtlich, daß es selbst in diesem Neid aus Verzweiflung noch immer so etwas wie Vornehmheit gibt, von der wir wissen, daß sie mit der wirklichen Sache äußerst wenig zu tun hat? Nach Nietzsche respektiert der Mann, der sich selbst verachtet, zumindest denjenigen in ihm, der verachtet! Doch das wirklich Böse ist das, was bei uns sprachloses Entsetzen verursacht, wenn wir nichts anderes mehr sagen können als: Dies hätte nie geschehen dürfen.[21]

II.

Schon die Worte, die wir für die hier behandelten Dinge benutzen, »Ethik« und »Moral«, haben eine weitere Bedeutung, als ihr etymologischer Ursprung anzeigt. Wir befassen uns nicht mit Sitten oder Manieren oder Gewohnheiten, nicht einmal mit Tugenden im strengen Sinne, da Tugenden Ergebnis einer Ausbildung oder Erziehung sind. Wir befassen uns vielmehr mit der Behauptung, die von allen Philosophen, die je diese Angelegenheit anrührten, aufrechterhalten wird, daß es nämlich erstens eine Unterscheidung zwischen Recht und Unrecht gibt und daß diese eine absolute ist, anders als die relativen Unterscheidungen zwischen Groß und Klein, Schwer und Leicht; und daß zweitens jedes gesunde menschliche Wesen fähig ist, diese Unterscheidung zu treffen. Aus diesen Annahmen sollte eigentlich folgen, daß es keine neuen Entdeckungen in der Moralphilosophie geben kann – daß das, was Recht und was Unrecht ist, schon immer bekannt war. Wir waren erstaunt darüber, daß diese ganze Abteilung der Philosophie niemals einen anderen Namen erhalten hat, um auf ihre wahre Natur zu verweisen; denn wir waren uns einig, daß die grundlegende Annahme aller Moralphilosophie, es sei besser, Unrecht zu leiden, als Unrecht zu tun, einschließlich der Überzeugung, daß sich dieser Satz für jede gesunde Person von selbst versteht, dem Sturm der Zeit nicht standgehalten hat. Im Gegenteil, unsere eigenen Erfahrungen scheinen zu bestätigen, daß die ursprünglichen Begriffe für diese Dinge (»mores« und »ethos«), die beinhalten, daß es sich um nichts als Manieren, Sitten und Gewohnheiten handelt, in einem gewissen Sinne angemessener sein mögen, als die Philosophen gedacht haben. Dennoch waren wir nicht so weit, aus diesem Grund die Moralphilosophie zum Fenster hinauszuwerfen. Denn wir gewöhnten uns daran, daß die Übereinstimmung von philosophischem und religiösem Denken in dieser Angelegenheit genauso schwer wiegt wie der etymologische Ursprung der von uns gebrauchten Worte und die Erfahrungen, die wir selbst gemacht haben.

Gerade die wenigen moralischen Sätze, die angeblich alle besonderen Vorschriften und Gebote zusammenfassen, wie etwa »Liebe deinen Nächsten wie *dich selbst*« oder »Was du nicht willst, daß man *dir* tu, das füg auch keinem Andern zu« und schließlich Kants berühmte Aussage: Handle so, daß die Maxime deines Handelns ein allgemeines Gesetz für alle vernünftigen Wesen werden kann[22] – sie alle haben das Selbst und damit das Zwiegespräch des Menschen mit sich selbst zum Maßstab. In unserem Zusammenhang kommt es nicht darauf an, ob dieser Maßstab die Selbstliebe ist, wie in den hebräisch-christlichen Lehren, oder die Furcht vor der Selbstverachtung wie bei Kant. Wir waren darüber deshalb erstaunt, weil von der Moralität schließlich angenommen wird, daß sie das Verhalten des Menschen gegenüber Anderen regelt, und wenn wir von Güte sprechen oder an jene Personen in der Geschichte denken, die gut waren – Jesus von Nazareth, der Heilige Franz von Assisi usw. –, dann rühmen wir sie wahrscheinlich wegen ihrer Selbstlosigkeit, genauso wie wir üblicherweise die menschliche Schlechtigkeit mit irgendeiner Art von Selbstsucht, Egoismus und ähnlichem gleichsetzen.

Auch hier wiederum ist die Sprache auf der Seite des Selbst, wie sie auf der Seite derjenigen war, die glauben, alle Fragen der Moral seien nur Angelegenheiten von Sitten und Manieren. In allen Sprachen ist ursprünglich mit »Gewissen« nicht eine Fähigkeit des Erkennens und Urteilens in bezug auf Recht und Unrecht gemeint, sondern das, was wir heute »Bewußtsein« nennen, das heißt die Fähigkeit, mit deren Hilfe wir uns selbst kennen und wahrnehmen. Im Lateinischen und Griechischen wurde das Wort für Bewußtsein genommen, um zugleich Gewissen zu bezeichnen; im Französischen wird das gleiche Wort (»conscience«) für beides, die kognitive und die moralische Bedeutung, benutzt; und im Englischen hat das Wort »conscience« erst vor kurzem seine besondere moralische Bedeutung angenommen. Wir werden an das alte delphische »gnothi sauton« (erkenne dich selbst) erinnert, die Inschrift am Tempel des Apoll, das – zusammen mit dem »meden agan« (nichts zuviel) – als erste prä-philosophische allgemeine moralische Vorschrift angesehen werden kann und wurde.

Wie alle Sätze, die beanspruchen, wahr zu sein, müssen

moralische Sätze entweder selbstverständlich sein oder von Beweisen beziehungsweise Veranschaulichungen gestützt. Wenn sie selbstverständlich sind, eignet ihnen eine Zwangsnatur; der menschliche Geist kann sich nicht dagegen wehren, sie zu akzeptieren; er beugt sich dem Diktat der Vernunft. Die Beweiskraft solcher Sätze ist zwingend, und man braucht kein Argument, um sie zu stützen, keinen Diskurs, außer zur Erläuterung und Klärung. Gewiß, was hier vorausgesetzt wird, ist die »richtige Vernunft«, und Sie mögen dagegen einwenden, daß nicht alle Menschen damit gleich ausgestattet sind. Im Falle der moralischen Wahrheit wird, im Unterschied zur wissenschaftlichen, jedoch angenommen, daß der einfachste und der höchstgebildete Mensch die gleiche Offenheit für die zwingende Beweiskraft besitzen – daß jedes menschliche Wesen im Besitz dieser Art von Rationalität ist, also, wie Kant zu sagen pflegte, das »moralische Gesetz« in sich hat. Moralische Sätze sind immer für selbstverständlich gehalten worden, und schon sehr früh entdeckte man, daß sie nicht bewiesen werden können, daß sie axiomatisch sind. Daraus würde folgen, daß eine Verpflichtung – das »Du sollst« oder »Du sollst nicht«, der Imperativ – unnötig ist, und ich habe zu zeigen versucht, daß es geschichtliche Gründe für Kants kategorischen Imperativ gibt, der ebensogut eine kategorische Behauptung hätte sein können – wie die des Sokrates: Es ist besser, Unrecht zu leiden, als Unrecht zu tun, und nicht: Du sollst Unrecht leiden anstatt Unrecht tun! Sokrates glaubte noch, daß man es im Angesicht ausreichender Gründe nicht versäumen könne, entsprechend zu handeln, wohingegen Kant, der wußte, daß der Wille – dieses Vermögen, das die Antike nicht kannte – zur Vernunft nein sagen kann, es für nötig hielt, eine Verpflichtung einzuführen. Die Verpflichtung jedoch ist keinesfalls selbstverständlich, und sie ist niemals bewiesen worden, ohne daß man sich außerhalb des Rahmens des rationalen Diskurses stellte. Hinter dem »Du sollst« und »Du sollst nicht« steht ein »Oder sonst«, die Androhung einer Sanktion, die von einem rächenden Gott durchgesetzt wird oder vom Konsens der Gemeinschaft oder vom Gewissen, das heißt, die Drohung mit Selbst-Bestrafung, was wir üblicherweise Reue nennen. Im Falle Kants droht Ihnen das Gewissen mit Selbst-Verachtung, im Falle des Sokrates, wie wir sehen werden, mit Selbst-Widerspruch. Und diejenigen, die die Selbstverachtung oder den Selbstwiderspruch fürchten, sind wiederum diejenigen, die mit sich selbst leben; sie halten moralische Sätze für selbstverständlich, sie brauchen keine Verpflichtung.

Ein Beispiel aus den Erfahrungen, die wir in jüngerer Zeit gemacht haben, veranschaulicht diesen Punkt. Wenn Sie sich die Wenigen, die sehr Wenigen, die im moralischen Zusammenbruch von Nazi-Deutschland vollkommen heil und schuldlos blieben, näher ansehen, werden Sie entdecken, daß diese nie so etwas wie einen großen moralischen Konflikt oder eine Gewissenskrise durchgemacht haben. Sie haben sich über die verschiedenen Punkte: des kleineren Übels, der Treue gegenüber ihrem Land beziehungsweise ihrem Eid oder worum es sonst noch gegangen sein mag, nicht viel Gedanken gemacht. Nichts dieser Art. Sie mögen das Für und Wider von Handlungen diskutiert haben, und es gab immer viele Gründe, die dagegen sprachen, daß da Chancen waren, erfolgreich zu sein; sie mögen auch Angst gehabt haben, und es gab in der Tat viel zu befürchten. Doch nie haben sie daran gezweifelt, daß Verbrechen auch dann, wenn sie von der Regierung legalisiert waren, Verbrechen blieben, und daß es besser war, sich unter allen Umständen an diesen Verbrechen nicht zu beteiligen. Mit anderen Worten, sie fühlten keine Verpflichtung, sondern handelten im Einklang mit etwas, das für sie selbstverständlich war, auch wenn es für diejenigen um sie herum nicht mehr selbstverständlich war. Ihr Gewissen, wenn es das denn war, hatte keinen zwingenden Charakter; es sagte: »Das *kann* ich nicht tun«, anstelle von: »Das *darf* ich nicht tun.«

Die positive Seite dieses »Ich kann nicht« ist, daß es der Selbstverständlichkeit des moralischen Satzes entspricht; wie ich nicht sagen kann, daß Zwei und Zwei gleich Fünf ist, so kann ich unschuldige Menschen nicht ermorden. Dem »Du sollst« oder dem »Du mußt« können Sie immer mit Widerrede begegnen: Ich will nicht oder kann nicht, aus welchen Gründen auch immer. In Ausnahmezeiten sind, moralisch gesehen, die einzigen zuverlässigen Menschen jene, die sagen »Ich kann nicht«.[23] Der Nachteil dieser vollkommenen Angemessenheit der vermeintlichen Selbstverständlichkeit oder moralischen Wahrheit ist, daß die Aussage gänzlich negativ bleiben muß. Sie hat ganz und gar nichts mit Handeln zu tun, sie sagt nichts mehr als: Ich will lieber leiden als tun. Politisch gesprochen – das heißt, vom Standpunkt der Gemeinschaft oder der Welt, in der wir leben, ist sie unverantwortlich; ihr Maßstab ist das Selbst und nicht die Welt, nicht deren Verbesserung oder Veränderung. Diese Menschen sind weder Helden noch Heilige, und wenn sie Märtyrer werden, was natürlich passieren kann, geschieht dies gegen ihren Willen. Mehr noch, in der Welt, in der Macht zählt, sind sie ohnmächtig. Wir könnten sie moralische Persönlichkeiten nennen, doch werden wir später sehen, daß dies schon fast eine redundante Behauptung ist; die Eigenschaft, eine Person im Unterschied zu einem nur menschlichen Wesen zu sein, gehört nicht zu den individuellen Eigenheiten, Gaben, Talenten oder Fehlern, mit denen Menschen geboren werden und die sie gebrauchen oder mißbrauchen können. Das Personhafte eines Individuums ist genau seine »moralische« Eigenschaft, wenn wir moralisch weder in seinem etymologischen noch in seinem konventionellen Sinne, sondern im Sinne der Moralphilosophie verstehen.

Dann ist da schließlich die Verwirrung, daß philosophisches wie religiöses Denken in gewisser Weise dem Problem des Bösen ausweicht. Gemäß unserer Tradition sind für alle menschliche Schlechtigkeit entweder menschliche Blindheit und Unwissenheit verantwortlich oder menschliche Schwäche, die Neigung, der Versuchung nachzugeben. Der Mensch – so die entsprechende Argumentation – ist weder fähig, automatisch gut, noch bewußt böse zu handeln. Er wird *versucht*, Böses zu tun, und er muß sich *anstrengen*, um Gutes zu tun. Diese Vorstellung hat sich so tief eingewurzelt – nicht durch das, was Jesus von Nazareth gelehrt hat, sondern durch die Lehren der christlichen Moralphilosophie –, daß Menschen gewöhnlich das als Recht ansehen, was sie nicht tun mögen, und all das als Unrecht, was sie in Versuchung bringt. Die berühmteste und einflußreichste philosophische Formulierung dieses jahrhundertealten Vorurteils werden Sie bei Kant finden, für den alle Neigung per definitionem Versuchung ist – die einfache Neigung, Gutes zu tun, ebenso wie die Versuchung, Böses zu tun. Das wird besonders gut in einer wenig bekannten Anekdote veranschaulicht, die uns von Kant berichtet, der seinen sprichwörtlichen täglichen Spaziergang durch die Straßen von Königsberg jeden Tag immer exakt zur gleichen Stunde machte und sich angewöhnt hatte, den Bettlern, denen er begegnete, Almosen zu geben. Dazu hatte er neue Münzen bei sich, wie um die Bettler nicht durch gebrauchte, abgegriffene Geldstücke zu beleidigen. Außerdem pflegte er fast dreimal so viel wie sonst üblich zu geben, was natürlich zur Folge hatte, daß er von Bettlern belagert wurde. Schließlich mußte er die Zeit seines täglichen Spaziergangs ändern, aber schämte sich zu sehr, die Wahrheit zuzugeben, und erfand einen Metzgerlehrling, der, wie er sagte, ihn überfallen habe. Denn sein wahrer Grund für die Änderung des Spaziergangs war natürlich, daß seine Gewohnheit, Geld zu verschenken, nicht mit seiner moralischen Aussage, dem kategorischen Imperativ, in Einklang zu bringen war. Welches allgemeine, für alle möglichen Welten oder Intelligenzen gültige Gesetz hätte in der Tat von der Maxime: Gib jedem, der dich darum bittet, abgeleitet werden können?

Ich erzähle Ihnen diese Geschichte auch, um etwas über

die menschliche Natur zur Kenntnis zu bringen, das wir in der Geschichte des moralischen Denkens nur sehr selten theoretisch ausgedrückt finden. Es ist, denke ich, eine einfache Tatsache, daß Menschen mindestens ebenso oft *versucht* sind, Gutes zu tun, wie sie sich *anstrengen* müssen, Böses zu tun, und umgekehrt. Machiavelli wußte das sehr genau, als er in *Der Fürst* sagte, daß Herrscher lernen müßten, »*nicht* gut zu sein«, und damit meinte er nicht, man solle sie lehren, böse und schlecht zu sein, sondern einfach, wie sie beide Neigungen vermeiden und nach politischen Grundsätzen handeln, im Unterschied zu moralischen und religiösen wie auch zu verbrecherischen. Der Maßstab, mit dem Sie urteilen, ist für Machiavelli die Welt und nicht das Selbst – der Maßstab ist ausschließlich politisch –, und das macht Machiavelli so wichtig für die Moralphilosophie. Er ist mehr an Florenz interessiert als an der Rettung seiner Seele, und er glaubt, daß Menschen, die mehr an der Rettung von Seelen als an der Welt interessiert sind, sich aus der Politik heraushalten sollen. Auf einer sehr viel niedrigeren, doch sehr viel einflußreicheren Ebene des Denkens finden wir Rousseaus Behauptung, daß der Mensch gut ist und in der Gesellschaft sowie durch die Gesellschaft schlecht wird. Doch Rousseau meint nichts anderes, als daß die Gesellschaft die Menschen unempfindlich gegenüber dem Leiden ihrer Mitmenschen macht, wohingegen der Mensch von Natur aus einen »eingeborenen Widerwillen« dagegen hat, »andere leiden zu sehen«. Deshalb spricht er von gewissen natürlichen, fast physischen Eigenheiten, die wir womöglich mit anderen tierischen Arten teilen, wovon, nicht weniger physisch und zu unserer tierischen Natur gehörig, die Perversion das Gegenteil ist, doch nicht das Böse oder die vorsätzliche Schlechtigkeit.

Doch lassen Sie uns einen Augenblick zum Thema von Neigung und Versuchung zurückkommen und zu der Frage, warum Kant sie gleichzusetzen tendierte, warum er in jeder Neigung eine Versuchung sah, die einen fehlgehen läßt. Jede Neigung wendet sich nach außen, sie lehnt sich aus dem Selbst heraus hin zu all dem, was auf mich aus der Außenwelt wirken mag. Gerade durch Neigung, durch das Herauslehnen aus mir selbst – wie ich mich aus dem Fenster herauslehne, um auf die Straße zu schauen –, stelle ich den Kontakt mit der Welt her. Unter keinen Umständen kann meine Neigung von meinem Zwiegespräch mit mir selbst bestimmt werden; wenn ich mich selbst ins Spiel bringe, wenn ich über mich selbst nachdenke, verliere ich gleichsam das Objekt meiner Neigung. Die alte und doch seltsame Idee, daß ich mich selbst lieben kann, setzt voraus, daß ich mich zu mir selbst so neigen kann, wie ich mich aus mir selbst zu Anderem, Objekten oder Menschen, herauslehne. In Kants Sprachgebrauch bedeutet Neigung, von Dingen außerhalb meiner *affiziert* zu sein, von Dingen, die ich begehren mag oder zu denen ich eine natürliche Affinität habe; und dieses Affiziertsein von etwas, das nicht aus mir selbst, meiner Vernunft oder meinem Willen, kommt, ist für Kant mit der menschlichen Freiheit unvereinbar. Ich werde von etwas angezogen oder abgestoßen und bin deshalb kein frei Handelnder mehr. Das moralische Gesetz, das – wie Sie sich erinnern werden – für alle Intelligenzen, einschließlich der möglichen Bewohner eines anderen Planeten oder der Engel, gilt, ist im Gegensatz hierzu frei davon, von irgend etwas anderem affiziert zu sein außer von sich selbst. Und da Freiheit als *nicht* von äußeren Ursachen bestimmt definiert ist, kann nur ein Wille, der frei von Neigung ist, gut und frei genannt werden. Wir entdeckten, daß das Ausweichen vor dem Bösen in dieser Philosophie in der Annahme ruht, daß der Wille nicht gleichzeitig frei und schlecht sein kann. Schlechtigkeit im Kantschen Sinne ist ein »absurdum morale«, eine moralische Absurdität.

Um zu diesem Schluß zu gelangen, benötigen Sie Kants Philosophie nicht. Ich gebe Ihnen ein neueres Beispiel, bei dem der Autor von vollkommen anderen Voraussetzungen aus zu genau dem gleichen Schluß kommt. George A. Schrader[24] befindet sich in einer alten Schwierigkeit: Selbst wenn die moralische Wahrheit selbstverständlich wäre, ist es die moralische Verpflichtung – daß Sie nach dem, was Sie für Recht halten, handeln sollen – nicht, und sie kann auch nicht schlüssig bewiesen werden. So versucht er, alle moralischen Imperative nicht in einfache Sätze zu verwandeln, sondern in ontologische Behauptungen, offensichtlich in der Erwartung, daß das Sein oder die Existenz selbst eine bindende Kraft, wie wir sie sonst nur in der Macht göttlicher Gebote finden können, zur Verfügung stellen wird. Das Ergebnis ist, daß das, was wir üblicherweise Recht oder Unrecht nennen, sich als angemessenes oder unangemessenes Verhalten erweist. Interessanterweise beginnt unser Autor, in gewissem Sinn Heidegger folgend, mit der Tatsache, daß der

Mensch sich nicht selbst geschaffen hat, vielmehr seine Existenz, die er als freies Geschenk empfing, schuldet. Hieraus schließt er, daß der Mensch sich zu verantworten habe, per definitionem verantwortlich sei: »Ein Mensch sein heißt, für sich selbst gegenüber sich selbst verantwortlich sein.« Gut und schön, wem sonst würde man denn verantwortlich sein? Aber ist es nicht ziemlich offensichtlich, daß die Behauptung, das Leben nicht selbst gewählt zu haben, genau das Gegenteil bedeuten könnte: Da ich mich nicht selbst geschaffen habe und wenn mir meine Existenz als freies Geschenk gegeben worden ist, kann ich sie dann zu meinen Besitztümern rechnen und mit ihr machen, was ich will. Doch lassen Sie uns dieses Gegenargument und auch das Wiedererscheinen des Selbst als letzten Maßstab vergessen und die nächste Behauptung anschauen: »Dies zu behaupten heißt, in keiner Weise zu empfehlen, was ein Mensch in so etwas wie einem idealen Sinne sein *sollte*, sondern schlicht zu behaupten, was er *ist* und was er *sein muß*.« Daraus würde folgen, daß dann, wenn die Kluft zwischen dem »Sein-Müssen« und dem konkreten Betragen groß genug ist, der Mensch aufhört, Mensch zu sein. Wenn wir es uns leisten könnten, unmoralisches Verhalten einfach unmenschlich zu nennen, dann wären unsere Probleme in der Tat vom Tisch. Aber das sind sie eben nicht, wie Sie sofort an einem Beispiel, das der Autor zur Erklärung verwendet, nämlich der Mißhandlung eines Hundes, sehen werden. Es sei »moralisch und erkenntnismäßig unrecht«, einen Hund so zu behandeln, als wäre er ein Stein. Worum es gehe, sei die »Entstellung« eines Objekts, ein Erkenntnis-Irrtum. Dabei fällt es unserem Autor nicht im leisesten auf, daß ich, wenn ich einen Hund wie einen Stein behandle, mich meinerseits wie ein Stein verhalte oder, was wahrscheinlicher ist, daß ich Schmerz zuzufügen wünsche. Da geht es um keinen Erkenntnis-Irrtum; ganz im Gegenteil: Wenn ich nicht wüßte, daß ein Hund *nicht* ein Stein ist, würde ich niemals versucht sein, ihn zu mißhandeln.

Im *Gorgias* stellt Sokrates drei in höchstem Maße paradoxe Behauptungen auf: (1) Es ist besser, Unrecht zu leiden, als Unrecht zu tun; (2) für den Täter ist es besser, bestraft zu werden, als ungestraft zu bleiben; und (3) der Tyrann, der straflos alles tun kann, was ihm gefällt, ist ein unglücklicher Mensch. Wir werden uns mit der letzten dieser Behauptungen nicht beschäftigen und die zweite nur kurz berühren. Den Sinn für das Paradoxe an diesen Behauptungen haben wir verloren. Polus, einer der Gesprächspartner, weist darauf hin, daß Sokrates »solche Dinge« sage, »die kein Mensch zugeben würde« (*Gorgias*[25], 473e), und Sokrates widerspricht dem nicht. Im Gegenteil, er ist überzeugt, daß alle Athener Polus recht geben werden und daß er allein dasteht, »unfähig, ihnen zuzustimmen« (472b); und doch glaubt er, daß jeder eigentlich mit ihm übereinstimmt – ohne es zu wissen, das heißt, genau in der Weise, in der der Großkönig [»megas basileus«] und der schlechte Tyrann niemals entdeckten, daß sie die armseligsten aller Menschen waren. Im ganzen Verlauf des Gesprächs sind alle Beteiligten davon überzeugt, daß jeder Mensch das wünscht und tut, was er für sich selbst als das Beste ansieht; es wird als selbstverständlich angenommen, daß das, was für das Individuum das Beste ist, auch gut für die Gemeinschaft ist, und die Frage, was im Konfliktfalle zu tun wäre, wird nirgends ausdrücklich gestellt. Diejenigen, die sich an dem Dialog beteiligen, sollen entscheiden, was Glück und was Unglück ausmacht, und die Meinungen der Vielen, der Menge einzuholen bedeutet soviel, wie Kinder über Angelegenheiten der Gesundheit und Ernährung richten zu lassen, während der Arzt auf der Anklagebank sitzt und der Koch die Anklage aufsetzt. Nichts, was Sokrates zur Verteidigung seiner Paradoxa vorbringt, überzeugt seine Gegner auch nur einen Augenblick, und das ganze Unternehmen endet wie das sehr viel größere in der *Politeia* damit, daß Sokrates einen »Mythos« erzählt, von dem er glaubt, er sei ein »Logos«, also eine wohldurchdachte Beweisführung, und den er Kallikles so erzählt, als wenn er die Wahrheit wäre (523a–527b). Und dann lesen Sie das Märchen, vielleicht ein Märchen für alte Weiber, über das Leben nach dem Tod: Der Tod ist die Trennung von Körper und Seele, wenn die Seele nackt, ihres Körpers entkleidet, vor einem ebenso körperlosen Richter erscheint, der »mit der bloßen Seele die bloße Seele eines jeden« anschaut (523e). Danach kommt die Gabelung des Weges, einer führt zur Insel der Seligen und der andere in den Tartarus und zur Bestrafung der krummen, häßlichen, mit den Narben des Verbrechens befleckten Seelen. Einige von ihnen werden sich durch die Bestrafung bessern, während die schlechtesten als Beispiele vorgeführt werden, vermutlich in einer Art Fegefeuer, »damit andere sehen mögen, was sie leiden, sich davor fürchten und besser werden« (525b).

Und es wird deutlich, daß der Tartarus gut bevölkert sein wird und die Insel der Seligen fast eine Wüste, mit großer Wahrscheinlichkeit bewohnt von ein paar Philosophen, die sich in ihrem Leben nicht vielen Tätigkeiten widmeten und keine Gschaftlhuber waren, sondern sich nur mit dem befaßten, was sie anging (526c[26]).

Die beiden Behauptungen, um die es hier geht: daß es für einen Unrechttuenden besser ist, bestraft zu werden, als ungestraft davonzukommen, und daß es besser ist, Unrecht zu leiden, als Unrecht zu tun, sind ganz und gar nicht von gleicher Art, und der Mythos bezieht sich im strengen Sinne nur auf das Paradox über die Bestrafung. Er spinnt eine zuvor in dem Dialog eingeführte Metapher aus, die von körperlichen Zuständen übernommene Metapher einer gesunden und einer kranken oder krummen Seele, was Plato erlaubt, die Bestrafung mit dem Einnehmen von Medizin gleichzusetzen. Es ist unwahrscheinlich, daß diese metaphorische Art, über die Seele zu sprechen, Sokratisch ist; denn Plato war es, der zuerst eine Lehre von der Seele entwickelte. Und es ist ebenso unwahrscheinlich, daß Sokrates, der im Unterschied zu Plato sicher kein Dichter gewesen ist, je solch schöne Geschichten erzählte. Für unsere Zwecke wollen wir nur die folgenden Punkte des Mythos festhalten: Erstens treten diese Mythen immer dann auf, nachdem offenkundig geworden ist, daß alle Überzeugungsversuche fehlgeschlagen sind, also als eine Art Alternative zur wohldurchdachten Beweisführung; zweitens wird unterschwellig stets mitgeteilt, daß es besser für dich wäre, die folgende Geschichte zu glauben, wenn du von dem, was ich sage, nicht überzeugt werden kannst; drittens ist es ausgerechnet der Philosoph, der auf der Insel der Seligen ankommt.

Lassen Sie uns nun unsere Aufmerksamkeit einerseits auf diese Unfähigkeit zu überzeugen richten und andererseits auf die unerschütterliche Überzeugung des Sokrates, daß er recht hat, selbst wenn er zugibt, daß die ganze Welt gegen ihn steht. Ziemlich gegen Ende des Dialogs gibt er sogar noch ein bißchen mehr zu: Er räumt Dummheit und Unwissen (»apaideusia«) ein (527e), und dies durchaus nicht ironisch. Wir sprechen über diese Dinge, so sagt er, wie Kinder, die nie für längere Zeit an der gleichen Meinung über das gleiche Thema festhalten können, sondern ihre Meinung dauernd ändern. (»Denn schmählich ist es uns, so beschaffen, wie jetzt offenbar geworden ist, daß wir sind, noch groß zu prahlen, als wären wir etwas, da wir doch nie einig sind mit uns selbst über dieselbe Sache und zwar über die wichtigste; so ganz und gar sind wir noch untauglich.« [527d–e]) Doch worum es hier geht, ist kein Kinderspiel; im Gegenteil, es handelt sich um die »größten« Dinge. Dieses Eingeständnis, daß wir unsere Meinung in moralischen Fragen wechseln, ist sehr ernst gemeint. Sokrates scheint hier mit seinen Gegnern übereinzustimmen, die der Meinung sind, daß nur die Lehre, die Macht mit Recht gleichsetzt, »natürlich« sei, daß alles andere und insbesondere alle Gesetze nur aufgrund von Konventionen existieren und daß diese nach Zeit und Ort wechseln. So daß »das Gerechte [ta dikaia] ... überhaupt nicht auf der Natur [beruhe], sondern die Menschen würden darüber fortwährend streiten und es ständig neu festsetzen; was sie aber festsetzten und sobald sie es einmal festgesetzt hätten, das sei dann jeweils gültig, obwohl es auf der Kunst und auf den Gesetzen beruhe, aber gewiß nicht auf irgendeiner Ordnung der Natur.«[27]

Ich habe Ihnen ein Zitat aus Platos letztem Werk vorgelesen, in dem Sokrates nicht auftritt, wo allerdings Anspielungen auf den *Gorgias* klar erkennbar sind. Plato hat hier beides aufgegeben, sowohl den Sokratischen Glauben an die heilsame Wirkung des Diskurses wie seine eigene frühere Überzeugung, daß man einen Mythos, mit dessen Hilfe den Vielen gedroht werden kann, sozusagen erfinden müsse. Überzeugung, sagt er, wird nicht möglich sein, weil diese Dinge schwer zu verstehen zu sein scheinen, »unabhängig davon, daß das eine fürchterlich lange Zeit in Anspruch nehmen würde«. Er schlägt deshalb vor, »die Gesetze niederzuschreiben«, weil sie dann »immer ruhen« werden. Die Gesetze wiederum werden selbstverständlich von Menschen gemacht und nicht »natürlich« sein, aber sie werden mit dem in Einklang stehen, was Plato Ideen nannte; und während weise Männer wissen werden, daß die Gesetze nicht »natürlich« und nicht immerwährend, das heißt, nur eine Imitation des Menschlichen, sind, wird die Menge schließlich glauben, sie seien natürlich und immerwährend, weil sie »ruhen« und sich nicht verändern. Diese Gesetze sind nicht die Wahrheit, doch nur Konventionen sind sie eigentlich auch nicht. Zu Konventionen gelangt man über einen Konsens, die Übereinstimmung des Volkes, und Sie werden sich erinnern, daß die Gegenspieler des Sokrates im *Gorgias* als »Freunde des ›demos‹ (des Volkes)«, als, wie wir sagen würden, wahre Demokraten, bezeichnet werden, denen gegenüber sich Sokrates als Freund der Philosophie beschreibt, welche nicht heute das und morgen jenes, sondern immer das gleiche sagt. Es ist allerdings nicht Sokrates, sondern die Philosophie, die sich nicht ändert und immer dieselbe bleibt, und obwohl Sokrates bekennt, daß er die Weisheit liebt, verneint er in äußerst emphatischer Weise, weise zu sein; seine Weisheit besteht lediglich in dem Wissen, daß kein Sterblicher weise sein kann.

Genau an diesem Punkt hat Plato dem Sokrates seine Gefolgschaft aufgekündigt. In der Ideenlehre, die ausschließlich Platonisch und nicht Sokratisch ist und die Sie in *Der Staat* am besten ausgearbeitet finden, lehrte Plato, daß es einen eigenen Bereich von Ideen oder Formen gibt, in dem solche Dinge wie Gerechtigkeit, Güte etc. »mit einem eigenen Wesen von Natur aus« existieren. Nicht durch den Diskurs, sondern durch den Blick auf diese für das Auge des Geistes sichtbaren Formen wird dem Philosophen die Wahrheit mitgeteilt, und mit seiner Seele – die im Gegensatz zu seinem sichtbaren, vergänglichen und ständigem Wechsel unterworfenen Körper unsichtbar und unvergänglich ist – hat er an der unsichtbaren, unvergänglichen, unwandelbaren Wahrheit teil. Er hat teil, und zwar indem er sie sieht und schaut, und nicht durch Vernunftgebrauch und Argumentation. Als ich Ihnen von der Selbstverständlichkeit der allgemeinen moralischen Sätze berichtete, von deren zwingender Natur für diejenigen, die sie wahrnehmen, und von der Unmöglichkeit, deren axiomatische Wahrheit denen zu beweisen, die sie nicht wahrnehmen, habe ich mich eher in Platos Vorstellungswelt als in der des Sokrates bewegt. Sokrates glaubte an das gesprochene Wort, das heißt, an das Argument, zu dem man durch Vernunftgebrauch gelangen kann, und das kann nur in einer Folge von gesprochenen Sätzen vor sich gehen. Diese Sätze müssen logisch aufeinander folgen, sie dürfen sich nicht widersprechen. Das Ziel ist, wie er im *Gorgias* [vgl. 509a] sagt, sie zu befestigen und zusammenzuschweißen in Worten, die wie Eisenbänder sind und von solcher Härte, daß weder du noch irgendein Anderer in der Lage sein wird, sie aufzubrechen. Jeder, der reden kann und die Regeln der Widerspruchsfreiheit kennt, sollte dann durch die Schlußfolgerung gebunden sein. Die frühen Platonischen Dialoge können ohne weiteres so gelesen werden, als bildeten sie eine lange Reihe von Widerlegungen dieses Glaubens; das Problem liegt genau darin, daß Worte und Argumente nicht »mit Eisenbändern zusammengeschweißt« werden können. Das ist nicht möglich, weil sie sich »umherbewegen« (*Euthyphron*), weil der Denkprozeß selbst ohne Ende ist. Im Reich der Worte, und alles Denken als Prozeß ist ein Prozeß des Sprechens, werden wir nie eine eiserne Regel finden, mit deren Hilfe wir mit Sicherheit festlegen können, was Recht und was Unrecht ist – mit derselben Sicherheit, mit der wir, um auch hier Sokratische oder Platonische Beispiele anzuführen, durch Zahlen bestimmen, was klein und groß ist, durch Gewichte, was schwer und leicht ist, wo also Norm oder Maßstab immer dieselben sind. Platos Lehre von den Ideen führte solche Normen und Maßstäbe in die Philosophie ein, und damit wurde das Problem, wie man Recht von Unrecht unterscheidet, auf die

Frage verkürzt, ob ich im Besitz der Norm oder der »Idee« bin, die ich in jedem besonderen Fall anzuwenden habe, oder nicht. Für Plato also wird die ganze grundsätzliche Frage, wer sich entsprechend moralischen Vorschriften verhalten wird und wer nicht, letztlich durch die Art der »Seele«, die ein Mensch besitzt, entschieden, und diese Seele kann angeblich durch Bestrafung besser gemacht werden.

Diese Auffassung finden Sie sehr deutlich in *Der Staat* vertreten, wo Sokrates bei Thrasymachos auf dieselben Schwierigkeiten stößt wie im *Gorgias* bei Kallikles. Thrasymachos ist der Auffassung, daß das, was im Interesse des Herrschers ist, »gerecht« genannt wird; »gerecht« ist nichts anderes als die Bezeichnung, welche die Machthabenden jeder Maßnahme verleihen, die sie per Gesetz ihren Untertanen auferlegen. Im Gegensatz dazu hatte Kallikles erläutert, daß die Gesetze, als reine Konventionen, von der schwachen Mehrheit gemacht werden, um sich vor den Wenigen, die stark sind, zu schützen. Nur scheinbar befinden sich die beiden Theorien im Widerspruch miteinander: In beiden Fällen ist die Frage von Recht und Unrecht eine Machtfrage, und in dieser (keinesfalls aber in anderer) Hinsicht können wir ohne weiteres vom *Gorgias* zu *Der Staat* übergehen. In *Der Staat* nehmen an dem Dialog zwischen Sokrates und Thrasymachos zwei Schüler des Sokrates teil, Glaukon und Adeimantos, und beide sind von Sokrates' Argumenten genauso wenig überzeugt wie Thrasymachos. Deshalb vertreten sie die Sache des Thrasymachos. Als er das hört, wettert Sokrates: Es muß in der Tat so etwas wie eine göttliche Eigenschaft in eurer Natur (»physis«) geben, wenn ihr die Sache der Ungerechtigkeit so beredt vertreten könnt und doch selbst nicht überzeugt seid, daß sie besser als die Gerechtigkeit ist.[28] Sokrates, dem es nicht gelungen war, seine eigenen Schüler zu überzeugen, weiß nicht recht, was er als nächstes tun soll. Und so wechselt er von seiner strikt moralischen Untersuchung (wie wir heute sagen würden) zu der politischen Frage nach der besten Staatsform, indem er als Entschuldigung anführt, daß es einfacher ist, große als kleine Buchstaben zu lesen, und die Annahme äußert, er würde in einer Untersuchung des Staates die gleichen Züge finden, die er bei den Personen zu analysieren wünschte – denn der Staat ist nur der großgeschriebene Mensch. In unserem Zusammenhang ist entscheidend, daß eindeutig ihre eigene Natur Glaukon und Adeimantos von der Wahrheit, Gerechtigkeit sei besser als Ungerechtigkeit, überzeugt hat, daß sie aber, wenn die Sache zur Erörterung ansteht, nicht von Sokrates' Argumenten überzeugt werden und vorführen, daß sie sehr gut und sehr überzeugend gegen das argumentieren können, von dem sie wissen, daß es wahr ist. Nicht der »logos« überzeugt sie, sondern das, was sie mit den Augen des Geistes sehen, und das Höhlengleichnis ist teilweise auch eine Erzählung von der Unmöglichkeit, solch Gesehenes überzeugend in Worte und Argumente zu bringen.

Wenn Sie diese Dinge durchdenken, werden Sie unschwer zu der Platonischen Lösung gelangen: Jene Wenigen, deren Natur, das heißt, die Natur ihrer Seelen, sie die Wahrheit sehen läßt, brauchen nicht irgendeine Verpflichtung, nicht ein »Du sollst – andernfalls …«, weil das, worauf es ankommt, selbstverständlich ist. Und da jene, die die Wahrheit nicht sehen, von Argumenten nicht überzeugt werden können, müssen Mittel gefunden werden, damit sie, ohne überzeugt zu sein, sich gut benehmen, zum Handeln gezwungen werden – und zwar so, als hätten auch sie »gesehen«. Diese Mittel natürlich sind jene Mythen eines Jenseits, die Plato benutzte, um viele seiner moralische und politische Dinge behandelnden Dialoge zu beenden – Geschichten, die er anfangs ziemlich zaghaft einführt, vielleicht nur als Märchen für alte Weiber, und die er schließlich in seinem letzten Werk (*Gesetze*) ganz aufgibt.

Ich bin näher auf die Platonische Lehre eingegangen, um Ihnen zu zeigen, wie die Dinge stehen – oder sollten wir sagen: standen? –, wenn Sie nicht auf das Gewissen vertrauen. Abgesehen vom etymologischen Ursprung des Wortes (das heißt, daß Gewissen und Bewußtsein ursprünglich gleichbedeutend waren) erhielt Gewissen seinen spezifisch moralischen Charakter erst, als es als ein Organ verstanden wurde, durch das der Mensch das Wort Gottes und nicht so sehr seine eigenen Worte vernimmt. Wenn wir nun über diese Dinge in säkularisierten Begriffen sprechen, finden wir außer der antiken vorchristlichen Philosophie wenig, auf das wir zurückgreifen können. Und ist es nicht verblüffend, daß Sie hier, mitten in einem philosophischen, ganz und gar nicht durch ein religiöses Dogma gebundenen Denken eine Lehre von der Hölle, vom Fegefeuer und Paradies finden, samt Jüngstem Gericht, Belohnungen und Bestrafungen, der Unterscheidung zwischen verzeihlichen und unverzeihlichen Sünden und allem weiteren, was dazu gehört? Das einzige, wonach Sie umsonst suchen werden, ist die Vorstellung, daß Sünden vergeben werden können.

Wie auch immer wir diese erstaunliche Tatsache interpretieren wollen, über eine Sache sollten wir uns im klaren sein: Unsere Generation ist die erste seit dem Aufkommen des Christentums im Abendland, in der die Massen und nicht nur eine kleine Elite nicht mehr an künftige Zustände (an »future states«, wie es bei den Gründenden Vätern [der Amerikanischen Republik] immer noch hieß) glauben und die deshalb (wie es scheint) das Gewissen als ein Organ begreift, das ohne Hoffnung auf Belohnungen reagiert und ohne Furcht vor Bestrafungen. Ob die Menschen immer noch glauben, dieses Gewissen erhalte seine Botschaften von einer göttlichen Stimme, ist, um es ganz vorsichtig auszudrücken, zweifelhaft. Die Tatsache, daß all unsere Rechtsinstitutionen, sofern sie mit Straftaten befaßt sind, sich noch immer auf ein solches Organ verlassen, welches jeden Menschen, auch wenn er mit den Gesetzbüchern nicht vertraut sein mag, über Recht und Unrecht unterrichtet, ist kein Beweis für dessen Existenz. Oft überleben Institutionen für lange Zeit die grundlegenden Prinzipien, auf denen sie gegründet wurden.

Aber lassen Sie uns zurückkehren zu Sokrates, der nichts von Platos Ideenlehre wußte und also auch nichts von der axiomatischen, nichtdiskursiven Selbstverständlichkeit der mit den Augen des Geistes gesehenen Dinge. Im *Gorgias*, wo er sich der paradoxen Natur seiner Behauptung und seiner Unfähigkeit zu überzeugen gegenübersieht, gibt er die folgende Antwort: Zunächst sagt er, daß Kallikles niemals mit sich selbst übereinstimmen, sondern sein Leben lang sich selbst widersprechen werde. Und fügt dann hinzu: »Und ich wenigstens ... bin der Meinung, daß lieber auch meine Lyra verstimmt sein und mißtönen möge oder ein Chor, den ich anzuführen hätte, und die meisten Menschen nicht mit mir einstimmen, sondern mir widersprechen mögen, als daß ich allein mit mir selbst nicht zusammenstimmen, sondern mir widersprechen müßte.« (482c–d) Der Kerngedanke in diesem Satz liegt in der Formulierung *»Ich, der ich Einer bin«*, die in vielen englischen Übersetzungen ausgelassen wird.[29] Das Gemeinte ist klar: Selbst wenn ich Einer bin, bin ich nicht schlicht Einer; vielmehr habe ich ein Selbst und stehe zu diesem Selbst als meinem eigenen Selbst in Beziehung. Dieses Selbst ist keinesfalls eine Illusion; indem es mit mir spricht, macht es sich hörbar (ich rede mit mir selbst, ich bin mir nicht nur meiner selbst bewußt), und in diesem Sinne bin ich, als Einer, Zwei-in-Einem, und es kann Harmonie oder Disharmonie mit dem Selbst geben. Wenn ich mit anderen Menschen nicht übereinstimme, kann ich weggehen; aber von mir selbst kann ich nicht weggehen, und deshalb empfiehlt es sich für mich, zunächst mit mir selbst in Übereinstimmung zu kommen zu suchen, bevor ich alle Anderen in die Betrachtung einbeziehe. Der [zitierte] Satz enthüllt auch den eigentlichen Grund, warum es besser ist, Unrecht zu leiden, als Unrecht zu tun: Wenn ich Unrecht tue, bin ich dazu verdammt, in unerträglicher Intimität mit einem Unrechttuenden zusammenzuleben; ich kann ihn nie loswerden. Das Verbrechen also, das den Augen der Götter und Menschen verborgen bleibt – ein Verbrechen, das überhaupt nicht erscheint, weil es niemanden gibt, dem es erscheint, und das Sie bei Plato immer wieder erwähnt finden werden –, existiert eigentlich nicht: So wie ich mein eigener Partner bin, wenn ich denke, bin ich mein eigener Zeuge, wenn ich handle. Ich kenne den Täter und bin dazu verdammt, mit ihm zusammenzuleben. Er ist nicht stumm. Das ist der einzige Grund, den Sokrates je angibt, und die Frage ist sowohl, warum dieser seinen Gegner nicht überzeugt, wie auch, warum er denen, die Plato in *Der Staat* Menschen von nobler Natur nennt, genügt. Doch bitte beachten Sie, daß Sokrates hier über etwas völlig anderes spricht: Es geht nicht darum, daß Sie außerhalb Ihrer selbst etwas sehen, was unvergänglich und göttlich ist; denn dafür benötigen Sie ein spezifisches Organ, genauso wie Sie das Augenlicht benötigen, um die Sie umgebende sichtbare Welt wahrzunehmen. Bei Sokrates wird kein spezifisches Organ benötigt, weil Sie in sich selbst bleiben, und kein transzendenter Maßstab, wie wir sagen würden; oder nichts außerhalb Ihrer selbst, das mit den Augen des Geistes empfangen würde, unterrichtet Sie davon, was Recht und Unrecht ist. Sicher ist es schwierig, wenn nicht unmöglich, Andere im Diskurs von der Wahrheit der Behauptung zu überzeugen, doch Sie selbst sind zu ihr gelangt, um mit Ihrem Selbst, das sich im Diskurs zwischen Ihnen und Ihnen selbst kundtut, zusammenzuleben. Wenn Sie mit Ihrem Selbst uneins sind, ist das so, als wenn Sie gezwungen wären, täglich mit ihrem eigenen Feind zu leben und zu kommunizieren. Das kann sich keiner wünschen. Wenn Sie Übles tun, leben Sie mit einem Übeltäter zusammen, und wenn auch Viele es vorziehen, zu ihrem eigenen Vorteil eher Schlechtes zu tun, als Schlechtes zu erleiden, wird niemand gerne mit einem Dieb oder einem Mörder oder einem Lügner zusammenleben wollen. Das ist es, was diejenigen vergessen, die den Tyrannen, welcher durch Mord und Betrug an die Macht gekommen ist, preisen.

Im *Gorgias* gibt es nur eine kurze Stelle, die auf das hinweist, worin diese Beziehung zwischen dem Ich und dem Selbst, zwischen mir und mir selbst, besteht. Deshalb wende ich mich einem anderen Dialog zu, dem *Theaitetos*, dem Dialog über das Wissen, wo Sokrates sich hierzu klar äußert. Er will erklären, was er unter »dianoeisthai«, eine Sache durchdenken, versteht, und sagt, er verstehe darunter »eine Rede, welche die Seele bei sich selbst durchgeht über dasjenige, was sie erforschen will«. Dann fährt er fort: »Freilich nur als ein Nichtwissender kann ich es dir beschreiben. Denn so schwebt sie mir vor, daß, solange sie denkt, sie nichts anders tut als sich unterreden [›dialegesthai‹], indem sie sich selbst antwortet, bejaht und verneint. Wenn sie aber langsamer oder auch schneller zufahrend nun etwas feststellt, und auf derselbigen Behauptung beharrt, und nicht mehr zweifelt, dies nennen wir dann ihre Vorstellung. Darum sage ich, das Vorstellen ist ein Reden, und die Vorstellung ist eine gesprochene Rede, nicht zu einem andern und mit der Stimme, sondern stillschweigend zu sich selbst.«[30] Und im *Sophist* finden Sie in fast identischen Worten die gleiche Beschreibung: Gedachte und gesprochene Behauptung sind dasselbe, außer daß das Denken ein Dialog ist, der vom Geist mit sich selbst ohne Ton geführt wird, und daß Meinung am Ende dieses Dialogs steht. Daß ein Übeltäter kein besonders guter Partner für diesen tonlosen Dialog ist, scheint ziemlich deutlich zu sein.[31]

Nach allem, was wir über den geschichtlichen Sokrates wissen, scheint es wahrscheinlich, daß er, der seine Tage auf dem Marktplatz verbrachte – dem gleichen Marktplatz, von dem sich Platos Philosoph ausdrücklich fernhält (*Theaitetos*) –, geglaubt haben muß, daß die Menschen alle keine eingeborene Stimme des Gewissens besitzen, sondern das Bedürfnis haben, die Dinge durchzusprechen; daß alle Menschen mit sich selbst sprechen. Oder, um es fachmännischer auszudrücken, daß alle Menschen Zwei-in-Einem sind, nicht nur im Sinne der Bewußtheit und Selbstbewußtheit (bei allem, was immer ich tue, bin ich dessen, daß ich es tue, irgendwie gewahr), sondern in dem sehr spezifischen und aktiven Sinne dieses stummen Dialogs, dieses ständigen Umgangs mit sich selbst, des Mit-sich-selbst-Sprechens. Wenn sie nur wüßten, was sie tun, so muß Sokrates gedacht haben, dann würden sie verstehen, wie wichtig es für sie wäre, nichts zu tun, was es verderben könnte. Wenn die Fähigkeit der Sprache den Menschen von anderen Tiergattungen unterscheidet – und das ist es, was die Griechen tatsächlich glaubten und was Aristoteles in seiner berühmten Definition des Menschen später ausdrückte –, dann ist es dieser stumme Dialog, den ich mit mir selbst führe, in welchem meine spezifisch menschliche Eigenschaft bestätigt wird. Mit anderen Worten, Sokrates glaubte, daß die Menschen nicht nur vernünftige Tiere sind, sondern denkende Wesen und daß sie alle anderen ehrgeizigen Wünsche eher aufgeben, ja selbst Unrecht und Beleidigung ertragen würden, als diese Fähigkeit zu verwirken.

Der Erste, der anders dachte, war, wie wir gesehen haben, Plato, der auf der Insel der Seligen nur Philosophen – die das Denken zu ihrem besonderen Gewerbe machen – zu sehen erwartete. Und da man unmöglich leugnen kann, daß es keine andere Tätigkeit gibt, die den Umgang von mir selbst mit mir selbst so zwingend und unerbittlich verlangt wie der stumme Dialog des Denkens, und da letztlich das Denken nicht zu den häufigsten und alltäglichsten Beschäftigungen der Menschen gehört, haben wir eine natürliche Tendenz, ihm zuzustimmen. Das gilt aber nur, solange wir vergessen, daß wir, die wir nicht mehr an das Denken als alltägliche menschliche Gewohnheit glauben, immer noch daran festhalten, daß selbst der gewöhnlichste Mensch sich dessen bewußt sein sollte, was Recht und was Unrecht ist, und mit Sokrates dahingehend übereinstimmen sollte, daß es besser ist, Unrecht zu leiden, als Unrecht zu tun. Der politische Sachverhalt besteht nicht darin, ob die Tat, jemanden unrechtmäßig zu schlagen, entwürdigender ist als jene, unrechtmäßig geschlagen zu werden. Es geht ausschließlich darum, eine Welt zu haben, in der solche Taten nicht vorkommen.[32]

Lassen Sie mich einige der Richtungen anzeigen, in die diese Betrachtungen uns hinsichtlich der Verwirrungen, von denen ich zu Beginn sprach, führen mögen.

Der Grund, warum die Moralphilosophie, obwohl sie sich mit den »größten Gegenständen« befaßt, niemals einen Namen gefunden hat, der ihrem hohen Anspruch Ausdruck verlieh, mag darin liegen, daß die Philosophen sie nicht als eine separate Abteilung der Philosophie wie Logik, Kosmologie, Ontologie etc. betrachten konnten. Wenn die moralische Vorschrift aus der denkenden Tätigkeit selbst entsteht, wenn sie die auf welche Sache auch immer bezogene Bedingung ist, die dem stummen Zwiegespräch zwischen mir und mir selbst innewohnt, dann ist sie eher die prä-philosophische Bedingung der Philosophie selbst, und deshalb eine Bedingung, die das philosophische Denken mit allen anderen nicht fachspezifischen Denkweisen gemein hat. Denn die Gegenstände dieser Tätigkeit sind keineswegs spezifisch philosophische oder, was das betrifft, wissenschaftliche Themen. Denken als Tätigkeit kann aus jedem Ereignis entstehen; es ist da, wenn ich einen Vorfall auf der Straße beobachtet habe oder in ein Geschehen hineingezogen wurde und danach beginne, das, was geschah, zu betrachten, es mir selbst als eine Art Geschichte erzähle, es auf diese Weise für die anschließende Kommunikation mit Anderen aufbereite usw. Das gleiche ist natürlich noch wahrer, wenn es sich so ergibt, daß Thema meiner stummen Betrachtung etwas ist, was ich selbst getan habe. Böses tun heißt, diese Fähigkeit beeinträchtigen; der sicherste Weg für den Verbrecher, niemals entdeckt zu werden und der Strafe zu entkommen, ist, das, was er tat, zu vergessen und nicht weiter darüber nachzudenken. Gleichermaßen können wir sagen, daß Reue zuerst darin besteht, nicht zu vergessen, was man getan hat, indem man dahin »zurückkehrt«, wie das hebräische Verb »shav« andeutet. Diese Verbindung von Denken und Erinnern ist in unserem Zusammenhang besonders bedeutsam. Niemand kann sich an das erinnern, was er nicht durchdachte, indem er darüber mit sich selbst gesprochen hat.

Während das Denken in diesem nicht fachbezogenen Sinne sicherlich nicht das Vorrecht irgendeiner Art von Menschen, Philosophen oder Wissenschaftlern etc., ist – Sie finden es in allen Bereichen des Lebens und mögen feststellen, daß es bei denen, die wir Intellektuelle nennen, überhaupt nicht vorhanden ist –, läßt sich nicht leugnen, daß es weit weniger häufig anzutreffen ist, als Sokrates annahm, aber hoffentlich ein bißchen häufiger, als Plato befürchtete. Zweifellos kann ich mich weigern zu denken und zu erinnern und dennoch auf ziemlich normale Weise menschlich bleiben. Die [hierin liegende] Gefahr jedoch ist sehr groß, nicht nur für mich selbst, dessen Rede die höchste Aktualisierung des menschlichen Sprachvermögens eingebüßt hat und deshalb bedeutungslos wird, sondern auch für Andere, die gezwungen werden, mit einer möglicherweise hochintelligenten und doch gänzlich gedankenlosen Kreatur zusammenzuleben. Wenn ich mich weigere zu erinnern, bin ich eigentlich bereit, alles zu tun – genauso wie mein Mut völlig sorglos sein würde, wenn zum Beispiel der Schmerz eine Erfahrung wäre, die man sofort vergißt.

Diese Frage nach der Erinnerung bringt uns mindestens einen kleinen Schritt der quälenden Frage nach der Natur des Bösen näher. Die Philosophie (und auch, wie ich zuvor bemerkte, die große Literatur) kennt den Schurken nur als jemanden, der verzweifelt ist und dessen Verzweiflung ihn mit einem gewissen Adel umgibt. Ich will nicht leugnen, daß dieser Typ des Übeltäters existiert, bin aber sicher, daß die größten Übel, die wir kennen, nicht ihm zuzuschreiben sind, der sich wieder in die Augen sehen muß und dessen Fluch es ist, daß er nicht vergessen kann. Die größten Übeltäter sind jene, die sich nicht erinnern, weil sie auf das Getane niemals Gedanken verschwendet haben, und ohne Erinnerung kann nichts sie zurückhalten. Das Denken an vergangene Angelegenheiten bedeutet für menschliche Wesen, sich in die Dimension der Tiefe zu begeben, Wurzeln zu schlagen und so sich selbst zu stabilisieren, so daß man nicht bei allem Möglichen – dem Zeitgeist, der Geschichte oder einfach der Versuchung – hinweggeschwemmt wird. Das größte Böse ist nicht radikal, es hat keine Wurzeln, und weil es keine Wurzeln hat, hat es keine Grenzen, kann sich ins unvorstellbar Extreme entwickeln und über die ganze Welt ausbreiten.

Ich erwähnte, daß das Person-Sein unterschieden wäre vom Nur-menschlich-Sein (wie die Griechen sich als »logon echon« von den Barbaren absetzten), und sagte, es wäre beinahe redundant, von einer moralischen Persönlichkeit zu sprechen. Wenn wir uns an Sokrates' Rechtfertigung seiner moralischen Behauptung als Beispiel halten, können wir jetzt sagen, daß ich mich in diesem Denkprozeß, in dem ich die spezifisch menschliche Differenz der Sprache aktualisiere, klar als Person konstituiere und daß ich Einer bleibe in dem Maße, in dem ich immer wieder und immer neu zu einer solchen Konstituierung fähig bin. Wenn es das ist, was wir gewöhnlich Persönlichkeit nennen – und das hat nichts zu tun mit Begabungen und Intelligenz –, dann ist sie das einfache, beinahe automatische Ergebnis von Nachdenklichkeit. Anders gesagt, wenn vergeben wird, dann wird nicht das Verbrechen vergeben, sondern der Person; beim wurzellosen Bösen gibt es keine Person mehr, der man je vergeben könnte.

In diesem Zusammenhang könnte das eigenartige Beharren allen moralischen und religiösen Denkens auf der Bedeutung des Selbst-Verhaftetseins ein bißchen besser verstanden werden. Dabei handelt es sich nicht darum, daß ich mich selbst so liebe, wie ich Andere lieben mag, sondern darum, daß ich mehr von diesem stummen Partner, den ich mit mir herumtrage, abhängig, ihm sozusagen mehr ausgeliefert bin, als dies möglicherweise hinsichtlich irgendeines Anderen der Fall ist. Die Furcht, sich selbst zu verlieren, ist berechtigt; denn sie ist die Furcht, nicht mehr in der Lage zu sein, mit sich selbst zu reden. Und nicht nur Kummer und Leid, sondern auch Freude und Glück und all die anderen Gefühle würden unerträglich sein, wenn sie stumm, unartikuliert zu bleiben hätten.

Doch diese Sache hat noch eine andere Seite. Die Sokratisch-Platonische Beschreibung des Denkprozesses scheint mir deshalb so bedeutend, weil sie, wenn auch nur nebenbei, impliziert, daß die Menschen im Plural und nicht im Singular existieren, daß die Menschen die Erde bewohnen und nicht der Mensch. Auch dann, wenn wir mit uns zusammen sind, wenn wir dieses Allein-Sein artikulieren oder aktualisieren, merken wir, daß wir in Gesellschaft sind, in der Gesellschaft mit uns selbst. Verlassenheit, dieser Alptraum, der uns, wie wir alle wissen, mitten in einer Masse überfallen kann, ist genau dieses Von-sich-selbst-verlassen-Sein – die zeitweise Unfähigkeit, sozusagen Zwei-in-Einem zu werden, wenn wir uns in einer Situation befinden, wo es keinen Anderen gibt, der uns Gesellschaft leistet. Von diesem Gesichtspunkt her gesehen ist es in der Tat wahr, daß mein Betragen Anderen gegenüber von meinem Betragen mir gegenüber abhängig ist. Nur daß kein spezifischer Inhalt, keine spezifischen Pflichten und Verpflichtungen dabei eine Rolle spielen, sondern wirklich nichts anderes als die reine Fähigkeit des Denkens und der Erinnerung oder deren Verlust.

Lassen Sie mich abschließend an jene Mörder im Dritten Reich erinnern, die nicht nur ein mustergültiges Familienleben führten, sondern auch ihre Freizeit gerne damit verbrachten, Hölderlin zu lesen und Bach zu hören, und damit bewiesen (als ob Beweise hierfür zuvor gefehlt hätten), daß Intellektuelle ebenso einfach in Verbrechen hineingezogen werden können wie jeder Andere auch. Aber sind nicht die Sensibilität und ein Gefühl für die sogenannten höheren Dinge im Leben geistige Fähigkeiten? Ganz bestimmt, doch diese Fähigkeit, aufgeschlossen zu sein, hat ganz und gar nichts mit dem Denken zu tun, das, wie wir uns erinnern sollten, eine *Tätigkeit* ist und nicht der passive Genuß von etwas. Insofern als Denken eine Tätigkeit ist, kann es in Produkte übertragen werden, in solche Dinge wie Gedichte, Musikstücke oder Gemälde. Alle Dinge dieser Art sind tatsächlich Gedankendinge, genauso wie Möbel und Gegenstände unseres täglichen Gebrauchs mit Recht als Gebrauchsgegenstände bezeichnet werden: Die einen sind durch Denken, die anderen durch Gebrauch, durch bestimmte menschliche

Bedürfnisse und Wünsche, zustande gekommen. Die Sache bei diesen hochkultivierten Mördern ist die, daß nicht ein einziger von ihnen ein Gedicht schrieb, das es wert wäre, daß man sich daran erinnerte, oder ein anhörenswertes Musikstück komponierte oder ein Bild malte, bei dem irgend jemand daran gelegen wäre, es an seine Wand zu hängen. Man braucht mehr als Nachdenklichkeit, um ein gutes Gedicht oder Musikstück zu schreiben oder ein Bild zu malen – Sie brauchen dazu besondere Talente. Aber kein Talent wird dem Verlust der Integrität standhalten – der Integrität, die Sie verlieren, wenn Sie diese ganz allgemeine Denk- und Erinnerungsfähigkeit verloren haben.

III.

In der Moral geht es um das Individuum in seiner Einzigartigkeit. Das Kriterium von Recht und Unrecht, die Antwort auf die Frage: Was soll ich tun?, hängt in letzter Instanz weder von Gewohnheiten und Sitten ab, die ich mit Anderen um mich Lebenden teile, noch von einem Befehl göttlichen oder menschlichen Ursprungs, sondern davon, was ich im Hinblick auf mich selbst entscheide. Mit anderen Worten: Bestimmte Dinge kann ich nicht tun, weil ich danach nicht mehr in der Lage sein würde, mit mir selbst zusammenzuleben. Dieses Mit-mir-selbst-Zusammenleben ist mehr als Bewußtheit, mehr als die Selbst-Wahrnehmung, die mich bei allem, was ich tue, und in jedem Zustand, in dem ich mich befinde, begleitet. Mit mir selbst zu sein und selbst zu urteilen wird in den Prozessen des Denkens artikuliert und aktualisiert, und jeder Denkprozeß ist eine Tätigkeit, bei der ich mit mir selbst über das spreche, was immer mich gerade angeht. Die Existenzweise nun, die in diesem stummen Zwiegespräch zwischen mir und mir selbst gegenwärtig ist, will ich *Einsamkeit* nennen. Entsprechend [dem Gesagten] ist Einsamkeit mehr und anders als sonstige Weisen des Alleinseins, vor allem und besonders wichtig mehr als Verlassenheit und Isoliertheit.

Einsamkeit bedeutet, daß ich, obwohl allein, mit jemandem (das heißt, mir selbst) zusammen bin. Sie bedeutet, daß ich Zwei-in-Einem bin, wohingegen Verlassenheit und Isoliertheit diese Art von Schisma, diese innere Zweiheit, in der ich mir selbst Fragen stellen und von mir Antworten erhalten kann, nicht kennen. Unterbrochen werden kann Einsamkeit und die ihr entsprechende Tätigkeit, das Denken nämlich, entweder von jemandem, der sich an mich wendet, ferner, wie jede andere Tätigkeit auch, indem ich etwas anderes tue, oder schlicht durch Erschöpfung. In jedem dieser Fälle werden die Zwei, die ich im Denken war, wieder *Einer*. Wenn sich jemand an mich wendet, dann muß ich mit ihm und nicht mit mir sprechen, und indem ich das tue, ändere ich mich. Ich werde Einer, der natürlich Selbst-Wahrnehmung, das heißt, Bewußtsein, besitzt, der aber nicht mehr ganz und deutlich ansprechbar im Besitz seiner selbst ist. Wenn sich nun nur eine Person an mich wendet und wenn wir, wie es manchmal geschieht, in der Form des Zwiegesprächs über genau die Dinge zu sprechen beginnen, mit denen sich Einer von uns, während er noch in der Einsamkeit war, beschäftigte, dann ist es jetzt so, als ob ich mich an ein anderes Selbst wende. Und dieses andere Selbst, das »allos autos«, hat Aristoteles richtig als den Freund bestimmt. Wenn andererseits in der Einsamkeit mein Denkprozeß aus irgendeinem Grund zum Stillstand kommt, werde ich auch wieder Einer. Da derjenige, der ich jetzt bin, ohne Gesellschaft ist, kann ich meine Hand ausstrecken und mich um die Gesellschaft mit Anderen – Menschen, Büchern, Musik – bemühen, doch wenn sie mich nicht erreichen oder ich unfähig bin, mit ihnen Kontakt aufzunehmen, dann werde ich von Langeweile und Verlassenheit überwältigt. Hierfür brauche ich nicht allein zu sein (mitten in einer Menschenmenge kann ich sehr gelangweilt und sehr verlassen sein), sondern ich bin eben nicht in wirklicher Einsamkeit, das heißt, in meiner eigenen Gesellschaft oder in Gesellschaft eines Freundes, verstanden als ein anderes Selbst. Deshalb ist es – wie Meister Eckhart einmal bemerkte – sehr viel schwerer zu ertragen, in der Menge allein zu sein als in der Einsamkeit.

Die Weise des Alleinseins, die ich Isoliertheit und als letzte nannte, ereignet sich dann, wenn ich weder mit mir selbst zusammen noch in Gesellschaft mit Anderen bin, wenn ich mich vielmehr mit Weltdingen befasse. Isoliertheit kann die natürliche Bedingung für alle möglichen Arbeiten [im Sinne des »Herstellens«] sein, bei denen ich mich auf das, was ich tue, so sehr konzentriere, daß die Gegenwart Anderer, einschließlich meiner selbst, mich nur stören kann. Solche Arbeit mag produktiv sein, die konkrete Herstellung eines neuen Gegenstandes bewirken oder auch nicht: Das Lernen, ja nur das Lesen eines Buches erfordern ein gewisses Maß an Isolierung, an Schutz vor der Gegenwart von Anderen. Isoliertheit kann auch als negative Erscheinung vorkommen: Andere, mit denen ich eine bestimmte Sorge um die Welt teile, mögen mich im Stich lassen. Im politischen Leben passiert das häufig; es tritt die aufgezwungene Muße ein, wie sie der Politiker – besser der Mensch, der, selbst Bürger, den Kontakt mit seinen Mitbürgern verloren hat – erfährt. Isoliertheit in diesem zweiten negativen Sinn kann nur dann ertragen werden, wenn sie in Einsamkeit verwandelt wird, und jeder, der sich in der lateinischen Literatur auskennt, wird wissen, wie die Römer im Unterschied zu den Griechen die Einsamkeit entdeckten und damit die Philosophie als eine Lebensweise in der aufgezwungenen Muße, die den Rückzug aus den öffentlichen Angelegenheiten begleitet. Wenn Sie die Einsamkeit aus der Sicht eines in der Gesellschaft von Ihresgleichen verbrachten tätigen Lebens betrachten, werden Sie an den Punkt gelangen, an dem Cato sagte: Niemals bin ich tätiger, als wenn ich nichts tue; niemals bin ich weniger allein, als wenn ich mit mir selbst zusammen bin.[33] In diesen Worten, denke ich, können Sie immer noch das Erstaunen hören, mit dem ein tätiger Mann, der ursprünglich nicht allein und weit entfernt vom Nichtstun war, den Freuden der Einsamkeit und der Zwei-in-Einem-Tätigkeit des Denkens begegnete.

Sollten Sie andererseits die Einsamkeit aus dem Alptraum der Verlassenheit heraus entdecken, werden Sie verstehen, warum ein Philosoph, nämlich Nietzsche, seine Gedanken darüber in einem Gedicht[34] vortrug, in dem er die Mittagszeit des Lebens feierte, wenn der Verlassenheit verzweifelte Sehnsüchte nach Freunden und Gesellschaft ein Ende haben; denn: »Um Mittag war's, da wurde Eins zu Zwei.« (Es gibt einen sehr viel früheren Aphorismus über Gedanken im Gedicht, in dem Nietzsche bemerkt: »Der Dichter führt seine Gedanken festlich daher, auf dem Wagen des Rhythmus': gewöhnlich deshalb, weil sie zu Fuß nicht gehen können.«[35] Was ist passiert, so könnte man höflich fragen, wenn ein Philosoph das gleiche tut?)

Ich erwähne diese verschiedenen Formen des Alleinseins beziehungsweise die verschiedenen Weisen, in denen sich menschliche Einzigartigkeit artikuliert und aktualisiert, weil es so ungeheuer leicht ist, sie miteinander zu verwechseln – und das nicht nur, weil wir dazu neigen, hinsichtlich Unterscheidungen nachlässig und unaufmerksam zu sein, sondern auch weil diese Formen oder Weisen ständig und beinahe unbemerkt ineinander übergehen. Was das Selbst als letztes Maß moralischen Verhaltens betrifft, so ist es natürlich nur in der Einsamkeit gegeben. Seine beweisbare Gültigkeit ist in der grundlegenden Aussage zu finden: Es ist besser, Unrecht zu leiden, als Unrecht zu tun, die, wie wir gesehen haben, auf der Einsicht beruht, daß es besser ist, mit der ganzen Welt uneins zu sein, als, Einer seiend, nicht mit mir selbst in Einklang zu stehen. Die Gültigkeit läßt sich deshalb nur für den Menschen behaupten, insofern er ein denkendes Wesen ist, das wegen des Denkprozesses sich selbst als Gesellschaft benötigt. Nichts von dem gilt für die Verlassenheit und die Isoliertheit.

Denken und Erinnern, sagten wir, sind die menschliche Art und Weise, Wurzeln zu schlagen, den eigenen Platz in der Welt, in der wir alle als Fremde ankommen, einzunehmen. Was wir üblicherweise Person oder Persönlichkeit – im Unterschied zu einem bloß menschlichen Wesen oder einem Niemand – nennen, entsteht gerade aus diesem wurzelschlagenden Denkprozeß. In diesem Sinne behauptete ich, daß es fast schon redundant wäre, von einer moralischen Persönlichkeit zu sprechen. Eine Person kann gewiß immer noch gutmütig oder boshaft sein, sie kann großzügig oder kleinlich angelegt, aggressiv oder willfährig, offen oder verschlossen sein; sie kann allen möglichen Lastern verfallen sein, ebenso wie sie intelligent oder dumm, schön oder häßlich, mit freundlichem Gemüt oder eher unfreundlich auf die Welt gekommen sein mag. All dies hat wenig mit dem zu tun, was uns hier beschäftigt. Wenn sie ein denkendes Wesen ist, das in seinen Gedanken und Erinnerungen wurzelt und also weiß, daß sie mit sich selbst zu leben hat, wird es Grenzen geben zu dem, was sie sich selbst zu tun erlauben kann, und diese Grenzen werden ihr nicht von außen aufgezwungen, sondern selbst gezogen sein. Diese Grenzen können sich in beachtlicher und unbequemer Weise von Person zu Person, von Land zu Land, von Jahrhundert zu Jahrhundert ändern; doch das grenzenlose, extreme Böse ist nur dort möglich, wo diese selbst-geschlagenen und gewachsenen Wurzeln, die automatisch Möglichkeiten einschränken, ganz und gar fehlen. Sie fehlen dort, wo Menschen nur über die Oberfläche von Ereignissen dahingleiten, wo sie sich gestatten, davongetragen zu werden, ohne je in irgendeine Tiefe, derer sie fähig sein mögen, einzudringen. Natürlich ist auch diese Tiefe in ihren spezifischen Merkmalen wie ihren Dimensionen von Person zu Person, von Jahrhundert zu Jahrhundert eine andere. Sokrates glaubte, er könnte seine Mitbürger bessern, indem er den Leuten beibringen würde, *wie* sie denken, wie sie mit sich selbst sprechen sollen – und stellte sich damit gegen die Kunst des Redners, der lehrt, wie zu überzeugen ist, sowie den Ehrgeiz des Weisen, das zu lehren, *was* gedacht werden und wie gelernt werden soll. Doch wenn wir ihm hierin folgen und ihn dann fragen, was die Sanktionen für jenes berühmte, den Augen der Götter und Menschen verborgene Verbrechen sein würden, hätte er in seiner Antwort nur sagen können: der Verlust dieser Fähigkeit, der Verlust der Einsamkeit und, wie ich zu erläutern versucht habe, damit auch der Verlust der Kreativität – mit anderen Worten: der Verlust des Selbst, das die Person ausmacht.

Da die Moralphilosophie nun einmal das Produkt der Philosophie war und da Philosophen den Verlust des Selbst und den Verlust der Einsamkeit nicht überlebt hätten, sind wir möglicherweise nicht mehr so sehr überrascht davon, daß das letzte Maß für das Verhalten gegenüber Anderen immer das Selbst gewesen ist, nicht nur im strenggenommen philosophischen, sondern auch im religiösen Denken. So finden wir eine recht typische Mischung aus vorchristlichem und christlichem Denken bei Nikolaus von Kues, bei dem Gott den Menschen beinahe mit den gleichen Worten anredet wie das Delphische Orakel mit seinem »Erkenne dich selbst«: »Sis tu tuus et ego ero tuus« (sei du deiner, und ich werde deiner sein). Die Grundlage für alles Betragen, sagt er, ist, daß ich mich entschieden habe, ich selbst zu sein (»ut ego eligam mei ipsius esse«), und der Mensch ist frei, weil Gott ihn freiließ, um er selbst zu sein, wenn er das will (»ut sim, si voluero, mei ipsius«).[36] An dieser Stelle müssen wir nun hinzufügen, daß dieses Maß, auch wenn es in Erfahrungen und den wesentlichen Bedingungen des Denkens bestätigt werden kann, sich nicht dazu eignet, in bestimmte Vorschriften und Regeln des Verhaltens hineingeschrieben zu werden. So steht die über die Jahrhunderte fast einmütige Annahme der Moralphilosophie in einem seltsamen Gegensatz zu unserer gegenwärtigen Auffassung, daß im Recht eines Landes die wesentlichen moralischen Regeln, die von allen Menschen anerkannt werden, niedergelegt sind, entweder weil sie Gottes Wort sind oder weil sie aus der Natur des Menschen abgeleitet werden können.

Da Sokrates glaubte, daß das, was wir heute Moral nennen und das sich wirklich auf den Menschen in seiner Einzigartigkeit bezieht, auch den Menschen als Bürger besser macht, ist es durchaus angebracht, die politischen Einwände, die seinerzeit erhoben wurden und auch heute noch erhoben werden können, zu berücksichtigen. Gegen Sokrates' Anspruch, er bessere die Bürger, behauptete die Stadt Athen, er verderbe die Jugend und unterminiere den traditionellen Glauben, auf dem moralisches Betragen ruhe. Lassen Sie mich die Einwände im einzelnen durchgehen, indem ich das, was Sie vor allem in der *Apologie* finden, zitiere oder paraphrasiere. Sokrates, der sein Leben damit verbrachte, sich selbst und Andere zu befragen, sie und sich selbst im Denken zu unterweisen, kann gar nicht anders, als alle bestehenden Normen und Maßstäbe in Frage stellen. Weit entfernt davon, Andere »moralischer« zu machen, untergräbt er die Moral und erschüttert blinden Glauben und Gehorsam. Vielleicht ist der Vorwurf, er wolle neue Götter einführen, unberechtigt gewesen, aber dann nur deshalb, weil er etwas

Schlimmeres tat: Niemals lehrte er Wissen oder bekannte sich als ein Lehrer in diesem Sinne. Außerdem hat ihn seine Berufung, wie er selbst zugibt, in ein Leben der Privatheit geführt, in dem er sich vom Leben mit der Gesamtheit des Volkes, das das öffentliche Leben ist, ferngehalten hat (»idioteuein alla me demosieuein«[37]). Das heißt, er hat fast bewiesen, wie recht die öffentliche Meinung in Athen hatte, wenn gesagt wurde, daß Philosophie nur etwas für die Jungen sei, die noch nicht zur Bürgerschaft zugelassen waren, und daß sie selbst dann, wenn sie notwendig für die Erziehung wäre, mit Vorsicht betrieben werden sollte, weil sie »malakia« (Weichlichkeit) des Geistes hervorriefe. Schließlich, um dem Ganzen die Krone aufzusetzen und wiederum entsprechend dem, was Sokrates selbst zugibt: Alles, was er für sich selbst vorweisen konnte, als tatsächliches Verhalten gefragt war, ist eine »Stimme« gewesen, welche von innen aus ihm redete, die ihn von etwas, das er zu tun beachsichtigte, abhielt, die ihn aber niemals zum Handeln drängte.

Keiner dieser Einwände ist so ohne weiteres von der Hand zu weisen. Denken heißt prüfen und befragen; immer ist damit das Zerschmettern von Götzen, das Nietzsche so begeisterte, verbunden. Wenn Sokrates sein Fragen beendete, blieb nichts mehr übrig, an dem man sich festhalten konnte – weder die anerkannten Normen der gewöhnlichen Leute, noch die anerkannten Gegen-Normen der Sophisten. Das Zwiegespräch mit mir in der Einsamkeit oder mit einem anderen Selbst meidet die Menge, selbst wenn es auf dem Marktplatz geführt wird. Und als Sokrates sagte, daß seiner Meinung nach Athen kein größeres Gut widerfahren könnte, als daß er die Stadt so steche wie eine Stechfliege ein großes, gut genährtes, aber recht träges Pferd, dann konnte er nur gemeint haben, daß einer Menge nichts Besseres geschehen könne, als wieder in einzelne Menschen aufgelöst zu werden, die in ihrer Einzigartigkeit ansprechbar werden. Wenn dies möglich wäre, wenn jeder Mensch dazu gebracht werden könnte, zu denken und selbst zu urteilen, dann mag es tatsächlich auch möglich sein, ohne festgelegte Normen und Regeln auszukommen. Wenn diese Möglichkeit aber ausgeschlossen wird, und das hat fast jeder nach Sokrates getan, dann läßt sich leicht verstehen, warum die Polis ihn für einen gefährlichen Mann hielt. Jeder, der der Sokratischen Prüfung ohne Denken, ohne sich in den eigentlichen Denkprozeß zu begeben, nur zuhörte, konnte sehr wohl verdorben, das heißt, der Normen, welche er ohne zu denken besaß, beraubt werden. Mit anderen Worten, wer korrumpierbar war, war nun in ernster Gefahr, auch korrumpiert zu werden. Diese Zweideutigkeit, daß dieselbe Tat gute Menschen besser und schlechte Menschen schlechter macht, hat Nietzsche einmal angedeutet, als er sich darüber beklagte, von einer Frau nicht verstanden worden zu sein. »Sie sagte mir, sie habe keine Moral – und ich meinte, sie habe gleich mir eine strengere als irgend Jemand!«[38] Das Mißverständnis ist nicht ungewöhnlich, obwohl der Vorwurf in diesem besonderen Fall (gemeint war Lou Andreas-Salomé) ganz klar nicht zutraf. Dies alles ist solange wahr, wie wir zugeben, daß Konventionen, die Regeln und Normen, nach denen wir gewöhnlich leben, bei einer Überprüfung sich nicht in allzu vorteilhaftem Licht zeigen und daß es verwegen wäre, ihnen in Zeiten des Ausnahmezustandes irgendeine Verläßlichkeit zuzuschreiben. Woraus folgt, daß die Sokratische Moralität politisch nur in Krisenzeiten relevant ist und daß das Selbst als Kriterium moralischen Verhaltens politisch eine Art von Ausnahme-Maß darstellt. Und das impliziert, daß die Anrufung von moralischen Prinzipien in Angelegenheiten des alltäglichen Verhaltens gewöhnlich ein Schwindel ist. Wir brauchen kaum Erfahrung, um zu sehen, daß die engstirnigen Moralisten, die ständig hohe moralische Prinzipien und festgelegte Normen anrufen, gewöhnlich die ersten sind, die sich an jedwede ihnen angebotene Normen halten, und daß die gute Gesellschaft – das, was die Franzosen »les bien-pensants« nennen – mehr dazu neigt, sehr unverantwortlich, ja verbrecherisch zu werden als die meisten Bohemiens oder Beatniks. All das, worüber wir hier gesprochen haben, ist nur unter außergewöhnlichen Umständen von Bedeutung; und Länder, in denen solche Umstände zur Regel wurden und die Frage, wie man sich in ihnen zu verhalten habe, zur drängendsten des Tages, stehen aufgrund genau dieser Tatsache unter der Anklage, ein – milde gesagt – schlechtes Herrschaftssystem zu haben. Doch jene, die unter vollkommen normalen Bedingungen hochfliegende moralische Normen anrufen, ähneln denen sehr stark, die den Namen Gottes vergeblich in Anspruch nehmen.

Diese Eigenart des moralischen Problems, daß es politisch eine Grenzerscheinung ist, wird offenkundig, wenn wir berücksichtigen, daß die einzige Empfehlung, die wir von dem »Es ist besser, mit der ganzen Welt uneins zu sein, als mit mir selbst uneins zu sein« zu erwarten berechtigt sind, immer völlig negativ bleiben wird. Niemals wird Ihnen dies sagen, was zu tun ist, sondern es wird Sie immer nur daran hindern, bestimmte Dinge zu tun, auch wenn sie von allen um Sie herum Lebenden getan werden. Der Denkprozeß selbst ist mit allen anderen Tätigkeiten unvereinbar. Das sollte nicht vergessen werden. Das idiomatische »*stop* and think«[39] ist wirklich vollkommen richtig. Wenn immer wir denken, halten wir das an, was wir gerade getan haben mögen, und solange wir Zwei-in-Einem sind, sind wir unfähig, etwas anderes zu tun als zu denken.

So gibt es da mehr als eine bloße Unterscheidung zwischen Denken und Handeln. Es gibt eine diesen beiden Arten von Tätigkeit innewohnende Spannung; und Platos Verachtung für die Gschaftlhuber, für diejenigen, die immer weitergehen und niemals anhalten, entspricht einer Gemütslage, die in der einen oder anderen Form bei jedem wirklichen Philosophen anzutreffen sein wird. Die Spannung allerdings ist durch einen Gedanken übertüncht worden, der auch allen Philosophen lieb und teuer gewesen ist: die Vorstellung, daß Denken eine Form des Handelns ist; daß das Denken, wie man manchmal sagt, eine Art von »innerem Handeln« sei. Für diese Verwirrung gibt es viele Gründe – unerhebliche Gründe, wenn der Philosoph sie zur Selbstverteidigung gegen Vorwürfe von seiten handelnder Menschen und von Bürgern verwendet, sowie zur Sache gehörende Gründe, die sich aus der Natur des Denkens ergeben. Ja, Denken ist im Gegensatz zur Kontemplation, mit der es allzu häufig gleichgesetzt wird, wirklich eine

Tätigkeit, mehr noch eine Tätigkeit, die bestimmte moralische Ergebnisse hat, nämlich daß der, der denkt, sich selbst als ein Jemand, als eine Person oder Persönlichkeit konstituiert. Doch Tätigkeit und Tat sind nicht dasselbe, und das Ergebnis der Denktätigkeit ist in bezug auf die Tätigkeit selbst eine Art Nebenprodukt. Es ist nicht gleich dem Ziel, das eine Tat anstrebt und bewußt beabsichtigt. Der Unterschied zwischen Denken und Handeln wird oft in dem Gegensatz von Geist und Macht ausgedrückt, wobei Geist und Ohnmacht automatisch gleichgesetzt werden, und tatsächlich liegt in diesem Diktum mehr als ein Körnchen Wahrheit.

Politisch gesprochen besteht der Hauptunterschied zwischen Denken und Handeln darin, daß ich nur, während ich denke, mit meinem eigenen Selbst oder dem Selbst eines Anderen zusammen bin, wohingegen ich mich in dem Augenblick, in dem ich zu handeln beginne, in der Gesellschaft der Vielen befinde. Macht kann bei menschlichen Wesen, die nicht allmächtig sind, nur in einer der vielen Formen der menschlichen Pluralität ihren Wohnsitz haben, wogegen jede Art der menschlichen Singularität per definitionem ohnmächtig ist. Wahr ist dennoch, daß selbst in der Singularität oder Dualität des Denkprozesses Pluralität wie im Keim gegeben scheint, insofern nämlich, als ich nur denken kann, indem ich mich, obwohl ich Einer bin, in Zwei aufteile. Aber vom Standpunkt der menschlichen Pluralität aus gesehen ist dieses Zwei-in-Einem gerade mal eine Spur von In-Gesellschaft-Sein – auch wenn ich für mich selbst *Einer* bin, bin ich Zwei oder kann Zwei werden –, die nur deshalb so ungeheuer wichtig wird, weil wir Pluralität entdecken, wo wir sie am wenigsten erwartet hätten. Was jedoch das Mit-Anderen-Zusammensein angeht, so muß es [das Zwei-in-Einem] immer noch als eine Randerscheinung angesehen werden.

Diese Überlegungen mögen vielleicht erklären, warum sich allein die Sokratische Moral mit ihren negativen, marginalen Merkmalen als die Moral herausgestellt hat, auf die in Grenzsituationen, das heißt, in Krisenzeiten und Ausnahmezuständen, Verlaß ist. Wenn Normen ohnehin nicht mehr gültig sind – wie in Athen im letzten Drittel des 5. und im 4. Jahrhundert oder in Europa im letzten Drittel des 19. und im 20. Jahrhundert –, bleibt nichts als das Beispiel des Sokrates, der nicht der größte Philosoph gewesen sein mag, aber nach wie vor der Philosoph par excellence ist. Dabei sollten wir nicht vergessen, daß das moralische Nebenprodukt des Denkens seinerseits für den Philosophen, der nicht nur denkt, sondern das Denken maßlos, ja in den Augen vieler seiner Mitbürger unmäßig liebt, von nur sekundärer Bedeutung ist. Sokrates untersucht die Dinge nicht, um sich oder Andere besser zu machen. Wenn seine Mitbürger, die ohnehin dazu neigen, ihm zu mißtrauen, ihm sagen würden: Wir lassen dich gehen, unter der Bedingung, daß du diese deine Art des Fragens und die Philosophie aufgibst, würde die Antwort immer die überlieferte sein: »Ich hege in höchstem Maße Respekt und Zuneigung für euch, aber … solange ich atme und Kraft habe, werde ich die Philosophie nicht aufgeben … [und] meine Lebensweise nicht ändern.«[40]

Lassen Sie mich noch einmal auf das Problem des Gewissens zurückkommen, dessen tatsächliche Existenz aufgrund unserer Erfahrungen aus der jüngeren Zeit fragwürdig geworden ist. Das Gewissen ist angeblich eine Weise des *Fühlens,* jenseits von Verstand und Beweisführung sowie, aufgrund von Empfindungen, des Wissens, was Recht und Unrecht ist. Zweifellos, glaube ich, hat sich herausgestellt, daß solche Gefühle in der Tat existieren, daß Menschen sich schuldig *fühlen* oder unschuldig, daß jedoch leider solche Gefühle keine verläßlichen Hinweise geben auf Recht und Unrecht, ja eigentlich auf gar nichts hinweisen. Schuldgefühle zum Beispiel können durch einen Konflikt zwischen alten Gewohnheiten und neuen Befehlen – der alten Gewohnheit, nicht zu töten, und dem neuen Tötungsbefehl – hervorgerufen werden; aber sie können genausogut durch einen gegenteiligen Konflikt entstehen: Derselbe Mann wird sich schuldig fühlen, wenn er nicht mitmacht, sobald erst einmal das Töten, oder was immer die »neue Moral« fordert, zur Gewohnheit geworden ist und von jedermann anerkannt wird. Mit anderen Worten, diese Gefühle sagen etwas über Anpassung und Nicht-Anpassung aus, nicht aber über Moral. In der Antike, so habe ich bereits gesagt, kannte man die Erscheinung des Gewissens nicht; es wurde [von christlichen Philosophen] als das Organ im Menschen entdeckt, das die Stimme Gottes hört, und dann von weltlichen Philosophen übernommen, bei denen es eine zweifelhafte Legitimität erhielt. Im Bereich der religiösen Erfahrung kann es keinen Gewissenskonflikt geben. Die Stimme Gottes spricht in klaren Worten, und fraglich ist nur, ob ich ihr gehorchen werde oder nicht. Gewissenskonflikte in säkularisierten Zusammenhängen sind andererseits eigentlich nichts anderes als Beratungen zwischen mir und mir selbst; sie werden nicht durch Fühlen gelöst, sondern durch Denken. Insofern allerdings als Gewissen nichts weiter bedeutet, als daß ich mit mir selbst in friedlichem Einklang bin (was die conditio sine qua non für das Denken ist), ist es in der Tat Wirklichkeit. Aber dieses Gewissen wird, wie wir jetzt wissen, nur sagen: Ich kann nicht, und ich will nicht. Da es zum eigenen Selbst des Einzelnen in Bezug steht, kann von ihm kein Handlungsimpuls erwartet werden.[41]

Schließlich wollen wir uns [in diesem Zusammenhang] an die wenigen Hinweise erinnern, die ich zu der Frage, wie das Problem des Bösen vom Standpunkt dieser streng genommen philosophischen Art von Moral aussieht, gegeben habe. Das Böse – wenn hinsichtlich des Selbst und des denkenden Austausches zwischen mir und mir selbst bestimmt – bleibt so formal, so inhaltsleer wie Kants kategorischer Imperativ, dessen Formalismus seine Kritiker so oft in Rage versetzt hat. Wenn Kant sagte: Jede Maxime, die kein universal gültiges Gesetz werden kann, ist Unrecht, so ist das, als hätte Sokrates gesagt, jede Tat sei Unrecht, mit deren Urheber ich nicht mehr zusammenleben könne. Im Vergleich scheint Kants Aussage weniger formal und sehr viel strenger zu sein; Diebstahl und Mord, Fälschung und falsches Zeugnis Ablegen werden mit gleicher Härte untersagt. Die Frage, ob ich nicht lieber mit einem Dieb als mit einem Mörder zusammenleben möchte; ob ich vielleicht einen Fälscher beträchtlich weniger gern hätte als jemanden, der eine falsche Zeugenaussage gemacht hat, etc., wird nicht einmal gestellt. Der Grund für diesen Unterschied liegt auch darin, daß Kant – trotz gegenteiliger Beteuerungen – eben doch nicht genau zwischen Legalität und Moralität trennte und daß er Moralität ohne Vermittlungen zur Quelle des Gesetzes machen wollte, so daß der Mensch, wo immer er hinging und was immer er tat, sein eigener Gesetzgeber, eine völlig autonome Person war. In Kants Aussage ist das Böse dasselbe, ob es den Menschen zum Dieb oder zum Mörder macht; es handelt sich um die gleiche unheilvolle Schwäche in der menschlichen Natur. Ein weiteres und selbstverständlich sehr gewichtiges Beispiel dafür, daß Übertretungen aufgelistet und nicht entsprechend ihrer Schwere bewertet werden, ist der Dekalog, von dem auch angenommen wurde, daß er die Grundlage der im Land geltenden Rechtsordnung gewesen ist.

Nun ist wahr, daß Sie, wenn Sie nur die eine der drei Sokratischen Aussagen nehmen (es ist besser, Unrecht zu leiden, als Unrecht zu tun), dann die gleiche merkwürdige Gleichgültigkeit gegenüber möglichen Abstufungen des Bösen finden; doch dieser Eindruck schwindet, wenn Sie dieses zweite Kriterium[, das] des Mit-sich-selbst-Lebens[,] hinzufügen, wie wir es hier getan haben. Denn dieses ist, im Unterschied zum rechtlichen, ein rein moralisches Prinzip. Was den Handelnden angeht, so kann er nicht mehr sagen als: »Das kann ich nicht tun«, oder wenn er die Tat bereits ausgeführt hat: »Dies hätte ich niemals tun dürfen«, womit er andeutet, daß er schon vorher Unrecht getan haben könnte, jedoch ohne unheilvolle Folgen. An diesem Punkt ergibt sich ein Unterschied zwischen jener Art von Übertretungen, mit denen wir täglich zu tun haben und von denen wir wissen, wie wir mit ihnen klarkommen oder sie entweder durch Bestrafung oder Vergebung loswerden können, und solchen Straftaten, von denen wir nur noch sagen können: »Das hätte nie geschehen dürfen«. Von dieser Behauptung aus ist es nur noch ein Schritt zu der Schlußfolgerung, daß wer immer solches tat, niemals hätte geboren werden sollen.[42] Diese Unterscheidung ist offenbar sehr ähnlich derjenigen, die Jesus von Nazareth zwischen Übertretungen macht, die ich »am Tage sieben Mal« vergeben soll, und jenen Straftaten, hinsichtlich derer es besser für den Täter wäre, »daß ein Mühlstein an seinen Hals gehänget und er ersäuft würde im Meer«[43].

Zu diesen Aussprüchen gibt es für unseren Zusammenhang zwei Dinge, die besonders vielsagend sind. Zunächst: Das [griechische] Wort, das für Straftat benutzt wird, ist »skandalon«, womit ursprünglich eine Falle, die man seinen Feinden stellte, gemeint war, und das hier für das hebräische Wort »mikshol« oder »zur mikshol«, Stolperstein, gebraucht wird. Diese Unterscheidung zwischen bloßen Übertretungen und diesen tödlichen Stolpersteinen scheint auf mehr hinzuweisen als die gegenwärtig gebräuchliche Unterscheidung zwischen läßlichen Sünden und Todsünden; sie weist darauf hin, daß diese Stolpersteine nicht, wie es für die Übertretungen gilt, aus unserem Weg geräumt werden können. Zweitens und nur scheinbar nicht mit dieser Textinterpretation vereinbar, notieren Sie bitte, daß [es heißt,] es wäre

»ihm«, *für ihn,* besser gewesen, wenn er nie geboren worden wäre; denn das legt es nahe, die Bemerkung so zu lesen, als hätte sich der Täter der Straftat, für deren Wesen nichts weiter angegeben wird, als daß sie ein unüberwindbares Hindernis sei, selbst ausgelöscht.

Doch soweit wir auch gedanklich die Folgen ausspinnen mögen, welche diesen wenigen Behauptungen innewohnen, die in der einen oder anderen Weise noch immer die einzigen Einsichten sind, auf die wir bei unserer Suche nach der Natur des Bösen zurückgreifen können – eines ist nicht zu leugnen, nämlich die höchst persönliche und, wenn Sie so wollen, sogar subjektive Beschaffenheit all der Kriterien, die ich Ihnen vorgelegt habe. Hierbei handelt es sich möglicherweise um den angreifbarsten Aspekt meiner Betrachtungen, und ich werde darauf in der nächsten Vorlesung zurückkommen, wenn ich das Wesen des Urteils erörtere. Lassen Sie mich heute, sozusagen zur Selbstverteidigung, nur zwei Äußerungen erwähnen, die im wesentlichen den gleichen Gedanken aussprechen. Selbst wenn sie aus unvereinbaren Quellen und von zwei grundverschiedenen Männern stammen, mögen sie Ihnen vielleicht einen Hinweis darauf geben, worauf es mir ankommt. Die erste meiner Äußerungen stammt von Cicero und die zweite von Meister Eckhart, dem großen Mystiker des 14. Jahrhunderts. Cicero erörtert in seinen *Gesprächen in Tusculum* gegensätzliche Meinungen von Philosophen zu bestimmten Themen, die uns hier nicht zu interessieren brauchen. Und als er dazu kommt, entscheiden zu müssen, welche richtig und welche falsch sind, führt er plötzlich und recht unerwartet ein vollkommen anderes Kriterium ein. Er läßt die Frage nach der objektiven Wahrheit fallen und sagt: Wenn ich zwischen den Meinungen der Pythagoräer und der Platos zu wählen habe, würde ich »beim Gott eher mit Plato auf Abwege geraten wollen, als mit diesen Leuten wahre Auffassungen vertreten«. Und er läßt seinen Gesprächspartner das noch einmal betonen: Auch er würde nicht das geringste dagegen haben, mit einem solchen Mann auf Abwege zu geraten und zu irren. Noch erstaunlicher als diese nur polemische Aussage ist eine von Eckhart, die, offen gesagt, häretisch ist. Sie findet sich in einem der sogenannten Sprüche, die erhalten sind (und bei denen es sich eigentlich um Anekdoten handelt). Eckhart hat angeblich den glücklichsten Mann getroffen, der aber, wie sich herausstellt, ein Bettler ist. Es wird hin und her argumentiert, bis schließlich der Bettler gefragt wird, ob er sich auch dann noch für glücklich hielte, wenn er sich in der Hölle wiederfände. Und der Bettler, der seine Argumente auf seine Liebe zu Gott gestützt hat und auf die Annahme, daß er alles, was er liebe, bei sich habe, antwortet: O ja, »ich wäre lieber in der Hölle mit Gott als ohne ihn im Himmel«. Das Entscheidende ist, daß beide, Cicero und Eckhart, darin übereinstimmen, daß es einen Punkt gibt, an dem alle objektiven Maßstäbe (die Wahrheit, die Belohnungen und Strafen in einem Jenseits etc.) ihre Vorherrschaft zugunsten dieses »subjektiven« Kriteriums – der Art von Person, mit der ich zusammensein und leben möchte – abgeben.

Wenn wir unter Verwendung dieser Aussprüche die Frage nach der Natur des Bösen stellten, würde das darauf hinauslaufen, daß eher der Täter und das Wie seiner Tat bestimmt würde als die Tat selbst oder deren endgültige Folge. Und Sie werden diese Verschiebung von dem objektiven *Was* einer getan hat zu dem subjektiven *Wer* des Täters als Randgegebenheit selbst in unserem Rechtssystem finden. Denn es stimmt zwar, daß wir jemanden für das verurteilen, was er tat, doch ebenso wahr ist, daß diese Tat nicht mehr in Betracht gezogen wird, wenn man den Mörder begnadigt. Nicht der Mord wird vergeben, sondern dem, der getötet hat, seiner Person, wie sie in Anbetracht der Umstände und Absichten erscheint. Das Lästige an den Nazi-Verbrechern war gerade, daß sie willentlich auf alle persönlichen Eigenschaften verzichteten, als ob dann niemand mehr übrigbliebe, der entweder bestraft oder dem vergeben werden könnte. Immer und immer wieder beteuerten sie, niemals etwas aus Eigeninitiative getan zu haben; sie hätten keine wie auch immer gearteten guten oder bösen Absichten gehabt und immer nur Befehle befolgt.

Um es anders zu sagen: Das größte begangene Böse ist das Böse, das von Niemanden getan wurde, das heißt, von menschlichen Wesen, die sich weigern, Personen zu sein. Im konzeptionellen Rahmen dieser Betrachtungen könnten wir feststellen, daß Übeltäter, die sich weigern, selbst darüber nachzudenken, was sie tun, und die sich auch im Nachhinein gegen das Denken wehren – also sich weigern, zurückzugehen und sich an das zu erinnern, was sie taten (wobei es sich um »teshuvah« oder Reue handelt) –, es eigentlich versäumt haben, sich als ein Jemand zu konstituieren. Indem sie sturköpfig ein Niemand bleiben, erweisen sie sich als unfähig, mit Anderen zu kommunizieren, die, ob nun gut, böse oder in dieser Hinsicht unbestimmbar, zumindest aber Personen sind.

Alles, was wir bis jetzt entdeckt haben, ist negativ. Wir haben uns mit einer Tätigkeit befaßt und nicht mit dem Handeln, und das grundlegende Richtmaß war die Beziehung zu unserem eigenen Selbst, nicht die zu Anderen. Jetzt aber wollen wir unsere Aufmerksamkeit dem Handeln im Unterschied zur Tätigkeit zuwenden und dem Verhalten gegenüber Anderen im Unterschied zum Umgang mit dem Selbst. In beiden Fällen beschränken wir uns wie bisher auf das Gebiet der Moral. Wir werden also weiter bei den Menschen in ihrer Singularität bleiben und alle politischen Themen – etwa die Gründung von Gemeinschaften und Regierungssystemen wie auch die Unterstützung, die der Bürger den Gesetzen seines Landes zukommen läßt, oder sein Zusammenhandeln mit seinen Mitbürgern, um ein gemeinsames Unternehmen zu fördern – außer Betracht lassen. Ich werde also über nicht-politisches Handeln sprechen, das nicht in der Öffentlichkeit vor sich geht, und über die nichtpolitischen Beziehungen zum Anderen, die weder Beziehungen zu einem anderen Selbst, das heißt, einem Freund darstellen, noch durch ein bestimmtes gemeinsames Interesse an der Welt vorbestimmt sind. Die beiden Erscheinungen, die hauptsächlich unsere Aufmerksamkeit erfordern, hängen im Grunde miteinander zusammen. Die erste ist das Phänomen des *Willens*, der – gemäß unserer philosophischen Tradition – mich ins Handeln treibt, und die zweite ist die

Frage nach der *Natur des Guten* in einem ausschließlich positiven Sinn und nicht im negativen Sinn der Frage, wie das Böse vermieden werden kann.

Ich habe schon darauf aufmerksam gemacht, daß das Phänomen des Willens in der Antike nicht bekannt war. Bevor ich seinen geschichtlichen Ursprung zu bestimmen suche, der von beachtlichem Interesse ist, will ich Ihnen eine sehr knappe Deutung seiner Funktion im Hinblick auf die anderen menschlichen Vermögen geben. Lassen Sie uns annehmen, daß wir einen Teller mit Erdbeeren vor uns hätten und daß ich *begehrte*, sie zu essen. Solches Begehren war selbstverständlich in der antiken Philosophie sehr gut bekannt; Begehren hat immer bedeutet, von etwas außer mir selbst angezogen zu sein. Das war »natürlich« und nicht von sehr hoher Ordnung, es war, grob gesprochen, dem Tier im Menschen zuzuordnen. Die Frage, ob ich diesem Begehren nachgeben soll oder nicht, wurde gemäß den antiken Philosophen durch Vernunft entschieden. Wenn ich zum Beispiel eine bestimmte Art von Allergie habe, sagt mir meine Vernunft, nicht nach meinen Erdbeeren zu greifen. Ob ich sie trotzdem esse, hängt einerseits von der Kraft meiner Wünsche ab und andererseits von der Kraft, die die Vernunft ihnen gegenüber besitzt. Ich esse meine Erdbeeren, entweder weil ich der Vernunft ganz und gar entbehre oder weil meine Vernunft schwächer ist als mein Begehren. Der weithin bekannte Gegensatz von Vernunft und Leidenschaften, einschließlich der alten Frage, ob die Vernunft Sklave der Leidenschaften ist oder die Leidenschaften, im Gegenteil, unter die Kontrolle der Vernunft gebracht werden können, geht auf die alten schematischen Vorstellungen über die Hierarchie der menschlichen Vermögen zurück.[44]

In diese Dichotomie ist das Vermögen des Willens eingefügt. Einfügung bedeutet, daß weder Begehren noch Vernunft vernichtet oder etwa auf eine niedrigere Rangstufe geschoben werden; beide behaupten sich. Doch die neue Entdeckung besteht darin, daß es im Menschen etwas gibt, das ja oder nein zu den Geboten der Vernunft sagen kann, daß also mein Nachgeben gegenüber einem Begehren nicht durch Nicht-Wissen oder Schwäche hervorgerufen wird, sondern vom Willen, einem dritten Vermögen. Vernunft reicht nicht aus, und Begehren reicht nicht aus. Denn – und dies ist, kurz gesagt, die neue Entdeckung: Der Geist wird nicht bewegt, wenn er nicht bewegt werden will.[45] Ich kann mich gegen den wohlerwogenen Rat der Vernunft ebenso entscheiden wie gegen die bloße Anziehungskraft von Objekten meines Appetits, und es ist der Wille – nicht so sehr die Vernunft oder der Appetit –, der darüber entscheidet, was ich tun werde. Also kann ich wollen, was ich nicht wünsche, und ich kann nicht wollen, bewußt mich dagegen wenden, wovon die Vernunft mir sagt, daß es Recht sei, und bei jeder Handlung sind dieses Ich-will oder Ich-will-nicht die entscheidenden Faktoren. Der Wille ist der Schiedsrichter zwischen Vernunft und Begehren, und als solcher ist allein er frei. Mehr noch, während die Vernunft das offenbart, was allen Menschen gemeinsam ist, und das Begehren das, was allen lebenden Organismen gemeinsam ist, ist nur der Wille ganz mein eigen.[46]

Selbst aufgrund dieser knappen Deutung leuchtet ein,

daß die Entdeckung des Willens mit der Entdeckung der Freiheit als philosophischem Thema, im Unterschied zur politischen Tatsache, zusammengefallen sein muß. Sicher mutet es uns sehr sonderbar an, wenn wir hören, daß die Frage der Freiheit, insbesondere die der Willensfreiheit, welche eine solch gewaltige Rolle in allem nachchristlichen philosophischen und religiösen Denken spielt, in der antiken Philosophie niemals aufgetaucht sein sollte.[47] Die Irritation jedoch löst sich in dem Augenblick auf, in dem wir verstehen, daß in Vernunft oder Begehren unmöglich ein Element von Freiheit beheimatet sein kann. Was immer die Vernunft auf der einen Seite mir sagt, kann überzeugend oder auffordernd sein, meine »appetitūs« auf der anderen Seite werden als begehrende Reaktionen auf alles verstanden, was auf mich von außen einwirkt.

Freiheit war, gemäß der antiken Philosophie, ganz an das Ich-kann gebunden; »frei« bedeutete fähig zu sein, das zu tun, was man tun wollte. Die Behauptung beispielsweise, ein gelähmter Mann, der seine Bewegungsfreiheit eingebüßt hat, oder ein Sklave, der unter dem Befehl seines Herrn stand, wären dennoch insofern frei, als auch sie Willenskraft besäßen, hätte wie ein Widerspruch in sich geklungen. Und wenn Sie sich die Philosophie der späten Stoiker anschauen, insbesondere des Sklaven-Philosophen Epiktet (dessen Schriften zu gleicher Zeit wie die von Paulus, dem ersten christlichen Autor, entstanden), wo die Frage der inneren Freiheit, ungeachtet äußerer politischer Umstände, immer wieder aufgeworfen wird, werden Sie sofort erkennen, daß damit keineswegs eine Verschiebung vom Begehren zum Wollen oder vom Ich-kann zum Ich-will stattfand, sondern lediglich eine Verschiebung hinsichtlich der Gegenstände meines Begehrens. Um frei zu bleiben, selbst wenn ich ein Sklave bin, muß ich meine Lüste so lenken, daß sie nur das begehren, was ich erlangen kann, was nur von mir selbst abhängt, also wirklich in meiner Macht steht. Der gelähmte Mann wäre, dieser Interpretation folgend, frei, genauso frei wie jeder andere auch, wenn er nur aufhörte, sich den Gebrauch seiner Gliedmaße zu wünschen.[48]

Ich habe das Beispiel des Epiktet genannt, um Mißverständnisse zu vermeiden. Diese Art der Internalisierung, der Herausnahme des Ich-kann aus der Wirklichkeit und Beschränkung auf ein inneres Leben, das in seinen Möglichkeiten genau deshalb, weil es unwirklich ist, grenzenlos ist, hat mit unserer Frage wenig gemein. Vieles von dem, was Nietzsche zur Kritik des Christentums zu sagen hatte, gilt eigentlich nur für diese letzten Entwicklungsstufen der antiken Philosophie. Epiktet kann in der Tat als Beispiel jener gereizten Sklavenmentalität verstanden werden, die sich wie folgt äußert: Wenn der Herr zum Sklaven sagt: Du bist nicht frei, weil du dies und jenes nicht tun kannst, wird die Antwort sein: Ich will das ja gar nicht tun, also bin ich frei.

Eric Voegelin, glaube ich, ist es gewesen, der gesagt hat, daß das, was auch immer wir unter dem Begriff »Seele« verstehen mögen, vor Plato ziemlich unbekannt war. In demselben Sinne möchte ich behaupten, daß die Erscheinung des Willens in all seiner Kompliziertheit und Kniff lichkeit vor Paulus nicht bekannt war und daß die Entdeckung des Paulus in einer Verbindung zu den Lehren des Jesus von Nazareth gemacht wurde, wie sie näher nicht hätte sein können. Ich habe schon das »Liebe deinen Nächsten wie dich selbst« erwähnt. Sie wissen, daß dieser Satz im Evangelium eigentlich ein Zitat aus dem *Alten Testament* ist; er ist hebräischen, nicht christlichen Ursprungs. Ich erwähnte dies, weil wir herausfanden, daß auch dort das Selbst das letzte Maß dessen darstellt, was ich tun und nicht tun sollte. Sie werden sich auch daran erinnern, daß Jesus gegen diese Regel die folgende stellte: »Ich aber sage euch: Liebet eure Feinde; segnet, die euch fluchen; tut wohl denen, die euch hassen« usw. (*Matthäus* 5, 44). Dies ereignet sich, als Jesus all die alten Vorschriften und Gebote radikalisiert, so etwa auch wenn er sagt: »Ihr habt gehört, daß zu den Alten gesagt ist: Du sollst nicht ehebrechen. Ich aber sage euch: Wer ein Weib ansieht, ihrer zu begehren, der hat schon mit ihr die Ehe gebrochen in seinem Herzen« (*Matthäus* 5, 27–28) und desgleichen mehr. Nichts davon ist der hebräischen Lehre fremd – es wird [im Christlichen] nur sehr stark gesteigert. Das gleiche gilt in einem gewissen Maße für das Gebot »Liebet eure Feinde«; denn wir finden etwas mit ähnlichem Ton schon in den *Sprüchen* Salomos (25, 21), wo es heißt: »Hungert deinen Feind, so speise ihn mit Brot; dürstet ihn, so tränke ihn mit Wasser« – mit der Ausnahme, daß Jesus nicht wie Paulus (*Römer* 12, 20) hinzufügt: »Wenn du das tust, so wirst du feurige Kohlen auf sein Haupt sammeln«, und der Herr wird dich belohnen (wobei er wortgetreu aus den *Sprüchen* zitiert). Jesus fügt nur hinzu: »Auf daß ihr Kinder seid eures Vaters im Himmel.« In dieser Form ist Liebe-deinen-Feind mehr als eine bloße Verstärkung der hebräischen Vorschrift. Das wird sehr deutlich, wenn Sie sich an ein paar andere Worte, die im selben Zusammenhang fallen, erinnern – so etwa »Gib dem, der dich bittet« und »So jemand ... deinen Rock nehmen [will], dem laß' auch den Mantel« (*Matthäus* 5, 40). Nichts, denke ich, ist in der Tat offenkundiger, als daß in diesen Ratschlägen für das Verhalten das Selbst und der Umgang im Gespräch zwischen mir und mir selbst nicht mehr die letzten Verhaltenskriterien sind. Zielvorstellung ist hier keineswegs, eher Unrecht zu leiden als zu tun, sondern etwas ganz anderes, nämlich Anderen Gutes zu tun, und so ist der Andere das einzige Kriterium.

Diese merkwürdige Selbstlosigkeit, der bewußte Versuch, sich selbst auszulöschen, Gottes oder meines Nächsten zuliebe ist wirklich die Quintessenz aller Ethik, die den Namen »christlich« verdient. Und unsere gegenwärtigen Gleichsetzungen von Güte mit Selbstlosigkeit (woraus wir, wie ich befürchte, ein wenig gedankenlos den Schluß gezogen haben, daß Bosheit und Selbstbezogenheit dasselbe sind) sind ein ferner Nachklang der echten Erfahrung von jemand, der in der Weise Gutes zu tun liebte, wie Sokrates die Tätigkeit des Denkens liebte. Und genau wie Sokrates sehr wohl wußte, daß seine Liebe zur Weisheit fest auf der Tatsache gründete, daß kein Mensch weise *sein* kann, so finden wir bei Jesus die feste Überzeugung, daß seine Liebe zur Güte darauf beruhte, daß kein Mensch gut *sein* kann. »Was heißest du mich gut? Niemand ist gut, denn der einige Gott« (*Markus* 10, 18). Und genauso wie kein Denkprozeß auch nur vorstellbar ist ohne dieses Zwei-in-Einem, diese Aufspaltung, in der das Selbst sich aktualisiert und artikuliert, so ist andererseits das Tun einer guten Tat nicht möglich, wenn ich mir während des Tuns ihrer bewußt bin. Hier zählt nichts anderes als: »Laß deine linke Hand nicht wissen, was die rechte tut« (*Matthäus* 6, 3). Ja: »Wenn du … Almosen gibst, sollst du nicht lassen vor dir posaunen« (*Matthäus* 6, 2), ist noch nicht genug; ich muß sozusagen von mir selbst abwesend sein und nicht von mir gesehen werden. In diesem Sinn und in dem Sinn, in dem wir zuvor von der Einsamkeit sprachen, hat sich der Mensch, dessen Liebe sich darauf richtet, Gutes zu tun, auf den äußersten Alleingang begeben, den es für Menschen gibt – es sei denn, er glaubt zufällig an Gott und hat Gott als Begleiter und Zeugen. Dieses Element des wirklichen Alleinseins ist in jedem Versuch, positiv Gutes zu tun und sich mit dem Vermeiden des Bösen nicht zufriedenzugeben, so stark ausgeprägt, daß selbst Kant, der sonst so sorgfältig darauf bedacht war, Gott und alle religiösen Lehren aus seiner Moralphilosophie herauszuhalten, sich an Gott wendet als denjenigen, der die andernfalls unerklärliche und unentdeckbare Existenz des guten Willens bezeugt.

Ich habe die außerordentlich paradoxe Natur der Behauptung des Sokrates behandelt und wie wir, durch Gewohnheit und Tradition, sie nicht mehr richtig hören können. Dasselbe kann mit noch mehr Nachdruck von der Radikalisierung der alten hebräischen Gebote in den Lehren von Jesus gesagt werden. Der Druck, dem er seine Jünger aussetzte, muß jenseits des Erträglichen gewesen sein, und der einzige

Grund, warum wir das nicht mehr nachempfinden, liegt darin, daß wir sie kaum noch ernst nehmen. Der Druck dieser Lehre ist möglicherweise von niemandem stärker empfunden worden als von Paulus nach seiner plötzlichen Bekehrung.

Oft ist behauptet worden, daß nicht Jesus von Nazareth, sondern Paulus von Tarsus der Begründer des Christentums gewesen sei; sicher war er der Begründer der christlichen Philosophie mit ihrer einmaligen Betonung des Themas Freiheit und des Problems des freien Willens. Die entscheidende Textstelle, die lange Zeit, im Grunde das ganze Mittelalter hindurch, im Zentrum der Diskussion stand, findet sich in den Briefen an die Römer. Es ist der berühmte 7. Brief, der mit der Erörterung der Herrschaft des Gesetzes beginnt und damit endet, daß der Mensch durch die göttliche Gnade erlöst werden muß. Die Einführung des Gesetzes setzt den Willen voraus. Jedes Du-sollst wird von einem Ich-will beantwortet. Das Gesetz macht es, wie Sie sich erinnern werden, den Menschen möglich, Recht von Unrecht zu unterscheiden; denn »wo das Gesetz nicht ist, da ist auch keine Übertretung« (*Römer* 4, 15), also »durch das Gesetz kommt Erkenntnis der Sünde« (*Römer* 3, 20). Doch, und das ist die Voraussetzung dessen, was folgt: Das Gesetz, das klar sagt, was Recht und was Unrecht ist, hat seinen Zweck keinesfalls erreicht. Im Gegenteil, Paulus zitiert aus den Psalmen und sagt: »Da ist nicht, der verständig sei; da ist nicht, der nach Gott frage ... da ist nicht, der Gutes tue, auch nicht Einer« (*Römer* 3, 11–12). Wie ist das möglich? Paulus erläutert es, indem er sich selbst als Beispiel anführt (*Rö-*

mer 7, 15–25): Was geschieht ist, daß er *weiß*, daß er zugibt (»synphesi«), »daß das Gesetz gut sei«, und mehr noch: Er begehrt, entsprechend zu handeln. Doch: Ich tue das, »das ich nicht will«. »Ich tue nicht, das ich will, sondern das ich hasse, das tue ich.« Folglich: »Das Gute, das ich will, das tue ich nicht, sondern das Böse, das ich nicht will, das tue ich.« (*Römer* 7, 19) Daraus kann er nur schließen: »Wollen habe ich wohl, aber Vollbringen[49] das Gute [das ich will, könnten wir hinzufügen, H. A.] finde ich nicht.« Da Paulus glaubt, daß der Grund dafür, daß er nicht vollbringen kann, was er will, die Zweiteilung des Menschen in ein fleischliches und ein geistiges Wesen ist, daß »ein ander Gesetz in meinen Gliedern [ist], das da widerstreitet dem Gesetz in meinem Gemüte«, kann er immer noch glauben, er diene »mit dem Gemüte dem Gesetz Gottes, aber mit dem Fleische dem Gesetze der Sünde«.

Wenn wir diese Stelle so ernst nehmen, wie m. E. erforderlich, dann ist sehr deutlich, daß der Wille, dieses vermeintlich mächtige Instrument, das all die Impulse zum Handeln gibt, in seiner Ohnmacht entdeckt wurde – in der Erfahrung, daß ich, selbst wenn ich um meine Wünsche weiß *und* sie nicht gutheiße, immer noch in einer Lage bin, in der ich sagen muß: Ich kann nicht. Was wir über den Willen als erstes lernen, ist also ein Ich-will-aber-kann-nicht. Das Ich-will wird allerdings keineswegs von der Erfahrung des Ich-kann-nicht überwältigt, sondern setzt sozusagen sein Wollen fort, und je mehr es will, desto klarer wird seine Unzulänglichkeit. Der Wille erscheint hier als eine Art Schiedsrichter (engl.: »arbiter«) – »liberum arbitrium« –

zwischen dem Geist, der weiß, und dem Fleisch, das begehrt. In dieser Rolle als Schiedsrichter ist der Wille frei, das heißt, er entscheidet aus seiner eigenen Spontaneität heraus. Mit den Worten von Duns Scotus, dem Philosophen des 13. Jahrhunderts, der gegen Augustin auf der Vorherrschaft des Willens gegenüber allen anderen menschlichen Vermögen bestand: Der Wille allein ist die gesamte Ursache für das Wollen im Willen (»nihil aliud a voluntate est causa totalis volitionis in voluntate«[50]). Doch während der Wille frei ist, ist der fleischliche Mensch, obwohl er diese Fähigkeit zur Freiheit besitzt, ganz und gar nicht frei. Der Mensch ist nicht stark genug, das zu tun, was er will; alle seine Sünden und Übertretungen können als Schwächen verstanden werden, als läßliche oder verzeihliche Sünden, außer der Todsünde des Beipflichtens, die zur Sünde gegen den Geist wird. Scotus fügt hinzu, indem er sich gegen die Philosophen wendet: Der geistige Mensch ist auch nicht frei. Wenn allein das Ich-kann frei ist, sind beide [der fleischliche und der geistige Mensch] unfrei. Wenn des fleischlichen Menschen Nicht-Können durch Begehren erzwungen wird, kann der Verstand nichts Falsches tun, weil er von der Wahrheit gezwungen wird. Hier setzt jedes Ich-kann ein Ich-muß-nicht voraus.

Wir wollen aus dieser ersten Bekanntschaft mit der Erscheinung des Willens das Ich-will-und-kann-nicht im Gedächtnis behalten und zur Kenntnis nehmen, daß diese *erste Spaltung*, die der Wille in mir selbst erzeugt, sich von der, die im Denken stattfindet, aufs äußerste unterscheidet. Die Spaltung im Willen ist weit davon entfernt, eine friedliche zu sein – sie kündigt kein Zwiegespräch zwischen mir und mir selbst an, sondern einen gnadenlosen Kampf, der bis zum Tode andauert. Wir wollen uns also die *Ohnmacht des Willens* merken und hier vielleicht einen ersten Hinweis darauf erhalten, warum der Wille, der im Kreis der anderen menschlichen Vermögen so machthungrig wurde, bei dem letzten und vielleicht größten Exponenten dieser ganzen Entwicklung, nämlich bei Nietzsche, mit Willen-zur-Macht gleichgesetzt wurde. Wir wollen diese Entwicklungsstufe des Problems mit zwei Zitaten des Augustin beschließen, eines aus den *Bekenntnissen*, das andere aus seinen Briefen. Was Paulus klar gezeigt hat, ist – nach Augustin – erstens, daß Wollen nicht Können ist (»non hoc est velle quod posse«[51]); und zweitens: Wenn es keinen Willen gäbe, könnte das Gesetz keine Befehle geben; wenn der Wille genügen würde, würde die Gnade nicht helfen (»nec lex iuberet, nisi esset voluntas; nec gratia iuvaret, si sat esset voluntas«[52]).

Die zweite Entwicklungsstufe unseres Problems wird in der Philosophie des Augustin entwickelt. Der entscheidende Schritt, den er über Paulus hinaus machte, führt zu der Einsicht, daß die Falle, in der der Wille gefangen ist, sich nicht aus der zweigeteilten Natur des Menschen, der fleischlich ebenso wie geistig ist, ergibt. Der Wille selbst ist ein geistiges Vermögen, und er besitzt, was den Körper angeht, absolute Macht. »Der Geist gibt dem Körper Befehle, und der Körper gehorcht sofort; der Geist gibt sich selbst Befehle und erfährt Widerstand.«[53] Augustin also ist sich hinsichtlich jener fleischlichen Erscheinungen, an denen Paulus verzweifelte, der Kraft des Willens sehr sicher: »Du kannst dir nichts vorstellen, das so sehr in unserer Macht liegt, als daß, wenn wir handeln wollen, wir auch handeln. Demgemäß ist nichts so sehr in unserer Macht wie der Wille selbst.«[54] Wegen dieses Widerstandes des Willens gegen sich selbst allerdings wußte Paulus, worüber er sprach. Es gehörte gerade zur Natur des Willens, »teils zu wollen und teils nicht zu wollen«; denn wenn der Wille sich nicht selbst widerstände, würde er keine Befehle geben und Gehorsam fordern müssen. Aber: »Er will nicht ganz, also befiehlt er nicht ganz. Soweit voran befiehlt er, wie er will; und soweit voran ist die befohlene Sache nicht getan, wie er nicht will ... Denn wenn er ganz wäre, würde er ihr nicht einmal befehlen zu sein, weil sie bereits da wäre. Deshalb ist es keine ungeheuerliche Angelegenheit, teils zu wollen und teils nicht zu wollen ...; [denn] es gibt zwei Willen.«[55] Mit anderen Worten, der Wille ist seinerseits zweigespalten, und dies nicht nur in dem Sinne, daß ich teilweise das Gute und teilweise das Böse will, als wenn es einen Wettkampf zwischen widerstreitenden Prinzipien in mir gäbe und ich ein Schlachtfeld darstellte. Vielmehr ereignet sich genau das gleiche, »wenn beide Willen schlecht sind«, wie zum Beispiel im Falle eines Mannes, der einesteils ins Theater, andernteils in den Zirkus gehen und drittens eines anderen Haus ausrauben, viertens Ehebruch begehen will und zu allem nur gerade jetzt die Gelegenheit hat. Bei diesem Beispiel hat Augustin, wie Sie bemerkt haben werden, vier Willen eingeführt, die alle zur gleichen Zeit arbeiten, und wir sollten schleunigst darauf hinweisen, daß dieses Beispiel und viele andere dem Abwägen oder Beraten sehr nahe kommen, und Abwägen ist nicht

Wollen. Wenn Sie aber alle geistigen Fähigkeiten unter der Annahme der Vorherrschaft des Willens in Betracht ziehen, wie das Augustin im 8. Buch seiner *Confessiones* tut, dann wird die Beratung als eine Form des Wollens erscheinen. »Wenn jemand mit sich zu Rate geht, da gibt es eine Seele, die zwischen widerstreitenden Willen hin- und herschwankt.« Ganz eindeutig ist der Wille in diesen Schwankungen nun selbst in drei, vier oder mehr Teile aufgeteilt und gelähmt.[56]

In der nächsten Vorlesung werden wir hier fortfahren, für jetzt lassen Sie uns nur das Folgende festhalten: Wir entdeckten ein anderes menschliches Vermögen, das zweigespalten ist, nicht weil es sich im Gegensatz zu einem ganz anderen Teil der menschlichen Natur befindet, sondern weil es gerade sein Wesen ist, nur als Zwei-in Einem zu existieren. Diese Spaltung im Willen selbst ist jedoch ein Kampf und kein Dialog. Denn wenn der Wille Einer wäre, wäre er überflüssig, was heißt, daß er niemanden hätte, dem er Befehle erteilen könnte. Die bedeutendste Manifestation des Willens also ist, Befehle zu geben. Doch nun stellt sich heraus, daß der Wille, um Gehorsam zu finden, gleichzeitig zustimmen oder Gehorsam wollen muß, so daß sich die Spaltung nicht zwischen zwei Gleichen ereignet, zwischen Partnern wie im Dialog, sondern zwischen Einem, der befiehlt, und Einem, der gehorcht. Da niemand gerne gehorcht und da der Wille, wenn er nur in sich selbst aufgespalten ist, außerhalb seiner oder über sich keine Macht besitzt, um seine Befehle durchzusetzen, scheint es nur natürlich zu sein, daß ihm immer bis zum äußersten widerstanden wird. Schließlich: Während sich der Geist in der Denktätigkeit in zwei aufspaltet, wofür die Form des Dialogs besonders passend zu sein scheint, sieht das beim Willen ganz anders aus. Der Wille soll uns zum Handeln bringen, und zu diesem Zweck müssen wir entschieden Einer sein. Mit anderen Worten, ein gegen sich selbst aufgespaltener Wille ist für die Aufgabe des Handelns weniger geeignet, wohingegen ein Geist, der in sich selbst geteilt ist, für die Aufgabe des Beratschlagens besser ausgerüstet ist. Wenn der Wille nun mal so ist, was kann er dann Gutes tun? Und doch: Wie könnte ich je ohne Wollen zum Handeln bewegt werden?

IV.

Unsere Erörterung der Sokratischen Moral hat nur negative Ergebnisse erbracht und uns nichts anderes als die Bedingung mitgeteilt, die uns daran hindert, Unrecht zu tun – nämlich selbst dann nicht mit uns selbst uneins zu sein, wenn das bedeuten könnte, mit der ganzen Welt uneins zu sein. Die Sokratische Aussage war auf Vernunft gegründet; das heißt, auf eine Vernunft, die weder purer Verstand ist und anzuwenden auf alles, was anstehen mag, noch Kontemplation, die Fähigkeit, mit den Augen des Geistes eine verborgene oder geoffenbarte Wahrheit zu sehen, vielmehr auf Vernunft als eine Tätigkeit des Denkens. Und nichts an dieser Tätigkeit deutete darauf hin, daß ein Impuls zum Tun aus ihr hervorgehen könnte. Daraus haben wir den Schluß gezogen, daß sich die von uns niemals angezweifelte Wichtigkeit dieser Aussage, ihre Gültigkeit und praktische Bedeutung klar in Ausnahmesituationen zeigten, in Krisenzeiten, wenn wir sozusagen mit dem Rücken zur Wand stehen. Wir sprachen von einer marginalen Erscheinung oder einem Grenzgebot, nicht deshalb, weil wir glaubten, daß das Denken selbst irgend etwas von dieser Art wäre, sondern weil wir der Auffassung waren, daß die moralischen Aspekte des Denkens für den Denkprozeß von zweitrangiger Bedeutung wären und daß er keine positiven Hinweise für unser Verhalten unter Anderen erbringen könnte, weil er sich in der Einsamkeit vollzieht.

Deshalb haben wir uns einem anderen Vermögen zugewandt, dem Willen, der seit seiner Entdeckung in einem religiösen Zusammenhang für sich die Ehre in Anspruch genommen hat, alle Keime des Handelns in sich zu tragen und die Macht zu haben, darüber zu entscheiden, was getan werden soll, und nicht nur, was nicht zu tun wäre. Und wir stellten fest, daß die auf der Tätigkeit des Denkens gegründete Sokratische Moral hauptsächlich damit befaßt war, Böses zu vermeiden, während die auf das Vermögen des Willens gegründete christliche Ethik sich ganz darauf ausrichtet, zu vollbringen, Gutes zu tun. Wir stellten auch fest, daß letztes Kriterium für die Sokratische Moral, wenn sie es unterließ, Unrecht zu tun, das Selbst gewesen ist und der Umgang zwischen mir und mir im Gespräch – mit anderen Worten dasselbe Axiom der Widerspruchsfreiheit, auf das sich unsere Logik gründet und das nach wie vor eine herausragende Rolle in der Begründung einer nicht-christlichen säkularen Moral bei Kant spielt. Das letzte Kriterium für positiv Das-Rechte-Tun andererseits, fanden wir, läge in der Selbstlosigkeit, im Verlust des Interesses an sich selbst. Wir fanden, daß einer der Gründe für diese erstaunliche Verschiebung nicht nur die liebende Hinwendung zu Ihrem Nächsten sein könnte, selbst wenn er Ihr Feind wäre, sondern die einfache

Tatsache, daß niemand Gutes tun und gleichzeitig wissen kann, was er tut. »Laß deine linke Hand nicht wissen, was die rechte tut.« Die Zweiteilung, das Zwei-in-Einem, das es in der Tätigkeit des Denkens gibt, ist hier nicht erlaubt. Um es etwas extrem auszudrücken: Wenn ich Gutes tun will, darf ich nicht darüber nachdenken, was ich tue. Und um diesen Gedanken aus dem religiösen Zusammenhang herauszunehmen, in dem er erstmals formuliert wurde, lassen Sie mich eine besonders schöne und sehr typische Stelle bei Nietzsche zitieren, in der ein später Nachklang dieser [Bibel-]Worte zu hören ist. Nietzsche schreibt: »Es gibt Vorgänge so zarter Art, daß man gut tut, sie durch eine Grobheit zu verschütten und unkenntlich zu machen; es gibt Handlungen der Liebe und einer ausschweifenden Großmut, hinter denen nichts rätlicher ist, als einen Stock zu nehmen und den Augenzeugen durchzuprügeln: damit trübt man dessen Gedächtnis. Mancher versteht sich darauf, das eigne Gedächtnis zu trüben und zu mißhandeln, um wenigstens an diesem einzigen Mitwisser seine Rache zu haben: – die Scham ist erfinderisch. Es sind nicht die schlimmsten Dinge, deren man sich am schlimmsten schämt … Ich könnte mir denken, daß ein Mensch, der etwas Kostbares und Verletzliches zu bergen hätte, grob und rund wie ein grünes altes schwerbeschlagenes Weinfaß durchs Leben rollte …«[57]

Lassen Sie mich noch weiter hinter all dies blicken und Sie an unseren möglicherweise verfrühten Versuch erinnern, bei dem wir uns bemühten herauszufinden, was die Bestimmung des Bösen gemäß den Sokratischen Lehren einerseits und dem Beispiel des Jesus von Nazareth in seinen Predigten und seinem Leben andererseits gewesen sein könnte. Nach Sokrates wäre Unrecht all das, was ich nicht ertragen kann, getan zu haben, und der Übeltäter wäre jemand, der des Zwiegesprächs unfähig ist, besonders des Gesprächs mit sich und sich selbst. Die gleiche Auffassung finden Sie in Nietzsches vielzitiertem Aphorismus: »›Das habe ich getan‹ sagt mein Gedächtnis. Das kann ich nicht getan haben – sagt mein Stolz und bleibt unerbittlich. Endlich – gibt das Gedächtnis nach.«[58] Lassen Sie uns für unsere Zwecke die moderne Form, in der die alte Auffassung wieder erscheint, mit der im antiken Seelenhaushalt noch unbekannten Unterdrückung als äußerstem Heilmittel außer Betracht lassen. Für uns ist entscheidend, daß, wie bereits erwähnt, die Fähigkeit des Erinnerns diejenige ist, die das Übeltun verhindert. Wir sahen, daß das Kriterium hier in zweierlei Weise in höchstem Maße subjektiv ist: Was ich ertragen kann, getan zu haben, kann sich ändern – von Individuum zu Individuum, von Land zu Land, von Jahrhundert zu Jahrhundert. Doch es ist auch insofern subjektiv, als die Sache schließlich auf die Frage hinausläuft, mit wem ich zusammen sein will, und nicht auf die nach »objektiven« Normen und Regeln. Ich hatte Ihnen die seltsamen und in seltsamer Weise übereinstimmenden Äußerungen von Cicero und Meister Eckhart zitiert, daß ersterer erklärte, er würde lieber mit Plato in die Irre gehen, als die Wahrheit mit einigen Scharlatanen teilen, und der letztere feststellte, er wäre lieber mit Gott in der Hölle als ohne ihn im Paradies. Auf volkstümlicher Ebene finden Sie die gleiche Haltung in der römischen Spruchweisheit: »Quod licet Jovi non licet bovi« – was Jupiter erlaubt ist, ist einem Ochsen nicht erlaubt. Mit anderen Worten: Was Einer tut, hängt davon ab, wer er ist. Was den Einen erlaubt ist, ist den Anderen nicht erlaubt, woraus folgt, daß viele Dinge einem Ochsen erlaubt sein mögen, die Jupiter nicht erlaubt sind.

Das Böse wird, nach Jesus, als ein »Stolperstein«, als »skandalon«, definiert, den menschliche Kraft nicht entfernen kann, so daß der wirkliche Übeltäter als der Mensch erscheint, der niemals hätte geboren werden dürfen – es wäre besser für ihn, »daß ein Mühlstein an seinen Hals gehänget und er ersäuft würde im Meer«[59]. Kriterium ist nicht mehr das Selbst und womit zu leben das Selbst ertragen kann oder nicht, sondern ganz allgemein der Vollzug der Tat und deren Folgen. Das »skandalon« ist das, was – durch Vergeben oder Bestrafen – wiedergutzumachen nicht in unserer Macht steht und was deshalb ein Hindernis für alle weiteren Leistungen und Taten bleibt. Und der Täter ist nicht jemand, der im Platonischen Verständnis durch Strafe gebessert werden kann oder, wenn seine Besserung unmöglich ist, mit seinem Leiden ein abschreckendes Beispiel für andere darstellt – nein, der Täter ist jemand, der die Weltordnung als solche verletzt. Er ist, um eine andere Metapher von Jesus heranzuziehen, wie das Unkraut, »das Unkraut auf dem Felde«, mit dem man nichts anderes machen kann, als es vernichten, im Feuer verbrennen. Jesus hat nie gesagt, was dieses Böse ist, das von Menschen oder von Gott nicht vergeben werden kann, und die Interpretation, daß das »skandalon«, der Stolperstein, die Sünde gegen den Heiligen Geist sei, sagt uns auch nicht viel mehr darüber – außer daß es sich dabei um ein Böses handelt, dem ich mit vollem Herzen zustimme, das ich bewußt tue. Diese Interpretation halte ich für schwer vereinbar mit dem, was im Evangelium überliefert ist, wo die Frage nach dem freien Willen noch nicht aufgeworfen wird. Doch was hier zweifellos betont wird, ist der Schaden, der der Gemeinschaft zugefügt wird, ist die für alle bestehende Gefahr.

Es scheint mir offenkundig zu sein, daß es sich hierbei um die Auffassung eines Mannes der Tat handelt, im Unterschied zu der eines Mannes, der sich vor allem für das Denken interessiert und sich ihm widmet. Der Radikalismus, den Jesus in der Frage des Bösen lehrte – ein Radikalismus, der um so eindrucksvoller ist, als er so eng mit der größtmöglichen Vorurteilslosigkeit gegenüber allen möglichen Arten von Übeltätern, einschließlich der Ehebrecher, Huren, Diebe und Zöllner, zusammengeht, ist, soviel ich weiß, von Philosophen, welche je das Problem anrührten, niemals anerkannt worden. Sie brauchen nur an Spinoza zu denken, für den das, was wir das Böse nennen, nichts anderes ist als ein Aspekt, unter dem die fraglose Güte von allem, was ist, dem menschlichen Auge erscheint, oder an Hegel, für den das Böse als das Negative die mächtige Kraft ist, die die Dialektik des Werdens antreibt, und in dessen Philosophie die Übeltäter – weit entfernt davon, das Unkraut im Weizenfeld zu sein – sogar als dessen Dünger erscheinen. Das Böse im zweifachen Sinn der Bosheit und des Mißgeschicks zu rechtfertigen hat immer zu den verwirrenden Schwierigkeiten der Metaphysik gehört. Philosophie im traditionellen Sinn, die mit dem Problem des Seins als ganzem konfrontiert ist, hat sich immer verpflichtet gefühlt, einen angemessenen Platz für alles, was ist, zu bestätigen und zu finden. Ich werde mich wieder an Nietzsche wenden, um diese Seite unseres Problems zusammenzufassen. Er sagt: »Der Begriff ›verwerfliche Handlung‹ macht uns Schwierigkeit. Nichts von alledem, was überhaupt geschieht, kann an sich verwerflich sein: denn man dürfte es nicht weghaben wollen: denn jegliches ist so mit allem verbunden, daß irgend etwas ausschließen wollen alles ausschließen heißt. Eine verwerfliche Handlung heißt: eine verworfene Welt überhaupt ...«[60] Die Vorstellung, von der Nietzsche hier spricht – daß ich ein uneingeschränktes Nein zu einem besonderen Ereignis oder zu einer besonderen Person in dem Sinne sagen könnte: Das hätte nicht passieren dürfen, er hätte nicht geboren werden dürfen –, ist wirklich eine Vorstellung, die alle Philosophen verabscheuten. Und wenn Nietzsche behauptete, daß »für die Entdeckung gewisser Teile der Wahrheit die Bösen und Unglücklichen begünstigter sind«[61], war er fest in dieser Tradition verankert, außer daß er die ziemlich abstrakten Ideen seiner Vorgänger in sehr konkrete Begriffe übersetzte. Daß solche Behauptungen in seinen eigenen Ohren, die die Ohren des Sohnes eines protestantischen Pfarrers geblieben waren, häretisch klangen, ist eine andere Sache. Es stimmt jedoch, daß er über diese Tradition hinausgeht, wenn er in demselben Aphorismus die »Bösen« erwähnt, »die glücklich sind, – eine Species, welche von den Moralisten verschwiegen wird«. Diese Beobachtung mag nicht sonderlich tiefgründig sein, und Nietzsche ist niemals darauf zurückgekommen, doch sie trifft wirklich genau ins Schwarze des ganzen Problems, zumindest wie es sich im Sinne der Tradition stellt.

Denn als ich in der letzten Vorlesung sagte, daß es gemäß der traditionellen Philosophie der Wille sei, nicht die Vernunft oder bloßes Begehren, der den Menschen zum Handeln bringt, habe ich eine halb-wahre Behauptung aufgestellt. Gewiß, der Wille wird, wie wir gesehen haben, als Schiedsrichter zwischen den Begierden oder zwischen Vernunft und Begierden verstanden, und als solcher muß er davon frei sein, durch Vernunft oder Begehren bestimmt zu werden. Damit ist der Wille – wie seit Augustinus und Duns Scotus, seit Kant und Nietzsche dargelegt – entweder frei, oder es gibt ihn nicht; er muß die »causa totalis« seiner selbst (Duns Scotus) sein; denn wenn Sie ihm eine Ursache zuweisen wollen, dann befinden Sie sich in einer unendlichen Rückwärtsbewegung, wo Sie bei jeder Ursache fragen, was deren Ursache ist. Augustinus hat darauf in *De libero arbitrio* (3.17) hingewiesen. Der Wille ist ein geistiges Vermögen, das Paulus entdeckte, an dessen Bestimmung Augustinus weiterarbeitete und das anschließend wie kein anderes menschliches Vermögen interpretiert und uminterpretiert worden ist. Doch auch die Frage, ob er tatsächlich existiert, ist immer in weit größerem Ausmaß debattiert worden, als dies im Hinblick auf die Vernunft, das Begehren oder jedes andere von unseren Vermögen geschah. Das Paradoxon liegt, kurz gesagt, in folgendem: Erst bei der Entdeckung des Willens als Anker der menschlichen Freiheit ist den Menschen überhaupt aufgefallen, daß sie selbst dann nicht frei sein könnten, wenn sie weder von Naturkräften noch vom Schicksal oder ihren Mitmenschen gezwungen werden. Natürlich ist schon immer bekannt gewesen, daß der Mensch ein Sklave seiner Begierden sein kann und daß Mäßigung und Selbstkontrolle die Zeichen eines freien Mannes sind. Männern, die nicht wußten, wie sie sich selbst beherrschen, wurde vorgeworfen, sklavische Seelen zu haben, ebenso wie dem Mann, der, im Kampf besiegt, anstatt Selbstmord zu begehen, sich erlaubte, sich gefangennehmen zu lassen und in die Knechtschaft zu begeben. Nachgeben und von einem Status in den anderen wechseln würde, wer ein Feigling oder ein Narr wäre. Das Problem ergab sich, wie wir sahen, als entdeckt wurde, daß das Ich-will und das Ich-kann nicht dasselbe sind – unabhängig von äußeren Umständen. Außerdem besagt das Ich-will-aber-ich-kann-nicht etwas anderes, als wenn ein gelähmter Mann sagt: Ich will meine Glieder bewegen, aber ich kann nicht – wenn also der Körper dem Geist widersteht. Die Verwirrungen des Willens werden, im Gegenteil, nur dann offenkundig, wenn der Geist sich selbst sagt, was zu tun ist. Das wird als Gebrochenheit des Willens, der gleichzeitig will und nicht will, dargestellt. Dann erhebt sich die Frage: Kann von mir gesagt werden, ich sei frei – ungezwungen von Anderen oder von der Notwendigkeit, wenn ich das tue, was ich nicht will, oder umgekehrt: Bin ich frei, wenn es mir gelingt, das zu tun, was ich will? Nun, diese Frage, ob Menschen frei sind oder nicht, wenn sie zu handeln beginnen, kann nicht beweisbar gelöst werden; denn die Tat selbst zerfällt in eine Reihe von Begebenheiten, in deren Zusammenhang sie von anderen Begebenheiten verursacht worden zu sein scheint – das heißt, sie fällt in einen Kausalitätszusammenhang. Andererseits ist immer und immer wieder gesagt worden, daß keine Vorschrift moralischer oder religiöser Natur ohne die Annahme der menschlichen Freiheit, die es wirklich und so offenkundig gibt, irgendeinen Sinn haben könnte. Doch das ist eine reine Hypothese. Und das Beste, was wir darüber sagen können, ist das, was Nietzsche behauptete: Es gibt zwei Hypothesen, die Hypothese der Wissenschaft, daß es keinen Willen gibt, und die des allgemeinen Menschenverstandes, daß der Wille frei ist. Und die letztere ist »das herrschende Gefühl, von dem wir uns nicht losmachen können, auch wenn die Hypothese [der Wissenschaft, H. A.] bewiesen wäre«[62]. Mit anderen Worten, in dem Augenblick, in dem wir zu handeln beginnen, nehmen wir an, daß wir frei sind, unabhängig davon, ob das der Wahrheit entspricht. Das wäre schön und sozusagen Beweis genug, so scheint es, wenn wir nur handelnde Wesen wären. Doch ärgerlich ist, daß wir das nicht sind und daß die Angelegenheit in dem Augenblick wieder höchst zweifelhaft wird, in dem wir aufhören zu handeln und das, was wir mit Anderen getan haben, zu betrachten beginnen, ja darüber nachdenken, wie diese besondere Tat sich in das ganze Gewebe unseres Lebens einpaßt. In der Retrospektive scheint alles durch Gründe, Präzedenzfälle und Umstände erklärbar, so daß wir die Gültigkeit beider Hypothesen zugestehen müssen, von denen jede für ihr eigenes Erfahrungsfeld gilt.

Das gedankliche Instrument, das die Philosophie traditionellerweise nutzte, um aus dieser mißlichen Lage herauszukommen, ist wirklich recht einfach, auch wenn es in manchen besonderen Fällen kompliziert zu sein scheint. Die Schwierigkeit liegt darin, daß es etwas gibt, das nicht von irgend etwas bestimmt und doch nicht willkürlich ist; daß der Schiedsrichter nicht willkürlich richten sollte. Und was da hinter dem Willen als Schiedsrichter zwischen den Begierden oder zwischen Verstand und Begierden steht, das ist das »omnes homines beati esse volunt«: Alle Menschen streben danach, glücklich zu sein [sein zu wollen], nach der Glückseligkeit hin sozusagen zu »gravitieren«. Ich gebrauche hier das Wort »gravitieren« mit Bedacht, um anzudeuten, daß mehr gemeint ist als Begierden, strebendes Bemühen, Lüste und dergleichen, was alles nur stückweise befriedigt werden kann und den Menschen als ganzen, gesehen im Gesamt seines Lebens, doch »unglücklich« zurückläßt. In dieser Interpretation also erhebt sich der Wille, nicht von einer spezifischen Ursache bestimmt, aus diesem Grund der vermeintlich allen Menschen gemeinsamen Gravitation. Grob gesprochen: Das ist nicht nur so, als ob der Mensch jeden Augenblick seines Lebens sagen zu können wünschte: Ich bin glücklich, ich bin glücklich, ich bin glücklich, sondern eher so, als ob er am Ende seines Lebens sagen können möchte: Ich bin glücklich gewesen. Das würde, den Moralisten folgend, nur für nicht-böse Leute möglich sein, was aber leider nichts anderes als eine Annahme darstellt. Wenn wir zu unserem alten Sokratischen Kriterium zurückgehen, wo Glückseligkeit bedeuten würde, mit sich selbst im reinen zu sein, könnte man sagen, daß böse Leute die Fähigkeit verloren haben, auch nur die Frage [nach der Glückseligkeit] zu stellen und zu beantworten, insofern als sie, die mit sich uneins sind, die Fähigkeit verloren haben, im Zwiegespräch des Denkens Zwei-in-Einem zu werden. Dieses Argument taucht bei Augustinus in anderer Form auf. Er stellt fest: Der Mensch, der das Rechte kennt und nicht tut, verliert die Kraft das, was Recht ist, zu kennen; und der Mensch, der die Kraft hat, Recht zu tun, aber unwillig ist, verliert die Kraft zu tun, was er will.[63] Mit anderen Worten, der Mensch, der gegen die Anziehungskraft der Glückseligkeit handelt, verliert die Kraft, glücklich oder auch unglücklich zu sein. Daran festzuhalten ist schwer, wenn Glückseligkeit tatsächlich das Gravitationszentrum des ganzen eigenen Seins ist, und unabhängig davon, wie sehr uns das Argument einleuchten mag oder nicht, verliert es in Wahrheit viel, wenn nicht alles, von seiner Überzeugungskraft durch die schlichte Tatsache, daß genau dieselben Leute, die es in der einen oder anderen Form vorbrachten – von Plato über christliche Ethiker bis hin zu den Staatsmännern der Revolution am Ende des 18. Jahrhunderts –, es für nötig hielten, den »Bösen« mit großer »Unglückseligkeit« in einem künftigen Leben zu drohen; die zuletzt Genannten hielten jene »Spezies von Menschen« praktisch für selbstverständlich, welche, theoretisch gesprochen, die Moralisten schweigend zu übergehen pflegten.

Wir wollen deshalb die lästige Frage nach der Glückseligkeit außer Betracht lassen. Die Glückseligkeit der Bösen in ihrem Erfolg ist immer eine der unbequemeren Tatsachen des Lebens gewesen, die wegzuerklären nichts nützen würde. Wir brauchen nur den komplementären Gedanken heranzuziehen, daß nämlich Menschen Gutes tun und anständig sind, *weil* sie glücklich sein wollen. Mit diesem Grund verhält es sich – noch einmal Nietzsche heranziehend – so wie mit allen Gründen in dieser Sache: Wenn jemand uns sagte, daß er Gründe braucht, um anständig zu sein, können wir ihm kaum länger trauen; sicher würden wir seine Gesellschaft meiden[64] – denn könnte es nicht sein, daß er seine Auffassung ändert? Und hiermit sind wir zu jener Fähigkeit der reinen Spontaneität zurückgekehrt, die uns zum Handeln veranlaßt *und* wie ein Schiedsrichter zwischen Gründen entscheidet, ohne ihnen unterworfen zu sein. Bis jetzt haben wir über diese beiden Funktionen des Willens, die anstiftende und die entscheidende Macht, gesprochen, ohne sie zu unterscheiden. Alle unsere Beschreibungen über die zweifache Gebrochenheit des Willens, die wir Paulus und Augustinus entnahmen: das Ich-will-und-kann-nicht bei Paulus und das Ich-will-und-will-nicht bei Augustinus, beziehen sich in Wirklichkeit nur insofern auf den Willen, als er zum Handeln bewegt, und nicht auf seine schiedsrichterliche Funktion. Denn diese letztere Funktion ist tatsächlich dasselbe wie die des Urteils; der Wille wird aufgefordert, zwischen verschiedenen und gegensätzlichen Vorschlägen zu urteilen, und ob von diesem Vermögen des Urteilens, einem der geheimnisvollsten Vermögen des menschlichen Geistes, gesagt werden soll, es sei der Wille oder die Vernunft oder eine dritte geistige Fähigkeit, ist zumindest eine offene Frage.

Was die erstgenannte Funktion des Willens, seine antreibende Kraft, betrifft, so finden wir bei Nietzsche zwei seltsam unverbundene und, wie wir sehen werden, widersprüchliche Beschreibungen. Lassen Sie mich mit der Beschreibung beginnen, die dem traditionellen, das heißt, Augustinischen Verständnis folgt: »›Wollen‹ ist nicht ›begehren‹, streben, verlangen: davon hebt es sich ab durch den Affekt des Kommandos. ... Daß etwas befohlen wird, gehört zum Wollen.«[65] Und in einem anderen Zusammenhang: »Ein Mensch, der will –, befiehlt einem Etwas in sich, das gehorcht ... [D]as Wunderlichste am Willen ist – an diesem so vielfachen Dinge, für welches das Volk nur Ein Wort hat: insofern wir im gegebenen Falle zugleich die Befehlenden und Gehorchenden sind, und als Gehorchende die Gefühle des Zwingens, Drängens, Drückens, Widerstehens, Bewegens kennen, welche sofort nach dem Akte des Willens zu beginnen pflegen; insofern wir andererseits die Gewohnheit haben, uns über diese Zweiheit vermöge des synthetischen Begriffs ›ich‹ hinwegzusetzen, hinwegzutäuschen, hat sich an das Wollen noch eine ganze Kette von irrtümlichen Schlüssen und folglich von falschen Wertschätzungen des Willens selbst angehängt, – dergestalt, daß der Wollende mit gutem Glauben glaubt, Wollen genüge zur Aktion.«[66]

Diese Interpretation ist traditionell, insofern sie auf der Gebrochenheit des Willens besteht, dessen innere Lähmung nach christlicher oder Paulinischer Lehre nur durch die göttliche Gnade geheilt werden kann. Sie weicht hiervon nur darin entscheidend ab, als sie glaubt, im inneren Haushalt des Willens eine Art Trick zu entdecken, durch den wir befähigt werden, uns selbst nur mit dem befehlenden Teil zu identifizieren, und sozusagen die unangenehmen, lähmenden Empfindungen des Gezwungen- und Zum-Widerstand-aufgefordert-Seins zu übersehen. Nietzsche selbst nennt dies eine Selbsttäuschung, wenn auch eine nützliche. Indem wir uns mit dem identifizieren, der die Befehle gibt, erleben wir das Gefühl der Überlegenheit, das bei der Machtausübung entsteht. Diese Beschreibung, so ist man geneigt zu denken, wäre zutreffend, wenn sich das Wollen je im bloßen Willensakt erschöpfen könnte, ohne weiter in Richtung Vollbringen vorwärtsgehen zu müssen. Die Gebrochenheit des Willens offenbart sich, wie wir gesehen haben, wenn es zum Vollbringen kommt, und die Empfindungen, über die eine glückliche Selbsttäuschung triumphiert, solange ich nicht aufgefordert werde, sozusagen Wort zu halten, hören auf, wenn entdeckt wird, daß »velle« und »posse«, das Ich-will und das Ich-kann, nicht dasselbe sind. Oder um es mit Nietzsche zu sagen: Der Wille will sein eigener Herr sein, und er erfährt, daß es bedeutet, aus mir einen Sklaven zu machen, wenn der Geist sich selbst und nicht nur dem Körper (von dem ihm, wie Augustin uns sagte, sofort gehorcht wird) Befehle gibt; daß ich sozusagen die Herr-Knecht-Beziehung, deren Wesen die Verneinung der Freiheit ist, in das Zwiegespräch und die Beziehung, die ich zwischen mir und mir selbst schaffe, hineinziehe. So erweist sich der berühmte Anker der Freiheit als der Vernichter der Freiheit.[67]

Und es gibt noch einen wichtigen weiteren, vorher nicht erwähnten Gesichtspunkt, der in dieser Diskussion zur Geltung gebracht wurde: das Element der Lust, die für Nietzsche dem Gefühl, Macht über Andere zu haben, innewohnt. Deshalb ruht Nietzsches Philosophie auf seiner

Gleichsetzung des Willens mit dem Willen zur Macht. Er leugnet nicht das Auseinanderbrechen des Willens in Zwei, das er »Oszillationen des Ja und des Nein«[68] nennt, die gleichzeitige Anwesenheit von Lust und Unlust bei jedem Willensakt; aber er zählt diese negativen Gefühle, gezwungen zu werden und zu widerstehen, zu den notwendigen Hindernissen, ohne die der Wille seine Macht nicht kennt. Offensichtlich ist dies eine zutreffende Beschreibung des Lustprinzips; die bloße Abwesenheit von Schmerz kann nicht Lust erzeugen, und ein Wille, der keinen Widerstand überwindet, kann keine lustvollen Gefühle hervorbringen. Nietzsche, der sich wissentlich in die Nachfolge der antiken hedonistischen Philosophen stellte, deren Auffassungen im modernen Sensualismus, besonders bei Bentham mit seinem »calculus of pain and pleasure«, ein wenig neu formuliert worden sind, verließ sich in seiner Beschreibung der Lust auf die Erfahrung des Vom-Schmerz-befreit-Seins und nicht auf die Abwesenheit von Schmerz oder die bloße Anwesenheit von Lust. Die Intensität dieser Empfindung des Vom-Schmerz-befreit-Seins unterliegt keinem Zweifel; sie entspricht in der Intensität nur der Empfindung des Schmerzes selbst, die immer heftiger ist, als jede nicht mit Schmerz verbundene Lust je sein kann. Die Lust zweifellos, die jemand empfindet, wenn er einen besonders exquisiten Wein trinkt, kann in ihrer Intensität nicht mit der verglichen werden, die ein fürchterlich durstiger Mann empfindet, der Wasser zum Trinken erhält. Doch diese Selbst-Interpretation hat Fehler, sogar gemäß Nietzsches eigenen Darlegungen. Die Quelle für die Lust war von ihm in das Gefühl gelegt, »daß Wille und Aktion irgendwie Eins seien«[69], das heißt, in das Ich-will-und-ich-kann, [sie war] unabhängig von den negativen Gefühlen – Schmerz und Erlösung von Schmerz –, so wie die Freude beim Trinken eines Glases Wein von den Gefühlen des Durstes und der Lust, ihn zu löschen, unabhängig und mit ihnen nicht verbunden ist.

So finden wir bei Nietzsche eine weitere Analyse des Willens, die das Lustmotiv aufnimmt, es aber anders erläutert. In der Gleichsetzung des Willens mit dem Willen zur Macht ist Macht keineswegs das, was der Wille begehrt oder will, sie ist nicht sein Ziel und nicht sein Inhalt! Wille und Macht oder Machtgefühl sind dasselbe.[70] Das Ziel des Willens ist zu wollen, wie es das Ziel des Lebens ist zu leben. Mächtigkeit ist dem Willen eigen, ganz gleich, was sein Gegenstand oder Ziel sein mag. Der Wille also, dessen Ziel die Demut ist, ist nicht weniger mächtig als der Wille, dessen Ziel es ist, Andere zu beherrschen. Diese Mächtigkeit, diese einfache Potenz des Willensaktes als solchem, erklärt Nietzsche als ein Phänomen des Überflusses, als Anzeichen einer Stärke, die über die Kraft, die notwendig ist, um sich den Forderungen des Tages zu stellen, hinausgeht: »Es ist das Gefühl unseres Mehr an Kraft, welches wir mit ›Freiheit des Willens‹ bezeichnen.« Es gibt aber doch eine schwache Analogie zum Lustprinzip: Genauso wie Sie ein Glas guten Weins nur dann genießen können, wenn Sie nicht durstig sind (denn zum Durstlöschen wäre jede andere Flüssigkeit auch geeignet), so würde das Vermögen des Willens in Ihnen erst dann entstehen, wenn Sie alles erhalten haben, was wirklich für Ihr reines Überleben unverzichtbar ist. Dieses Mehr an Kraft wird dann von Nietzsche mit dem schöpferischen Impuls gleichgesetzt; es ist die Wurzel aller Produktivität. Wenn das stimmt (und ich denke, alle Erfahrungsdaten stützen diese Interpretation), könnten wir erklären, warum der Wille als die Quelle der Spontaneität, die Handeln veranlaßt, gesehen wird – wohingegen jenes Verständnis des Willens, das ihn als etwas sieht, das durch seine dialektische Natur die letztendliche Ohnmacht des Menschen enthüllt, nur zu einer vollständigen Lähmung aller Kräfte führen konnte, es sei denn, man verläßt sich auf göttliche Hilfe, wie das in jeder strenggenommen christlichen Ethik geschieht. Und natürlich ist es auch dieses Mehr an Kraft, diese extravagante Großzügigkeit oder der »überströmende, verschwenderische Willen«, der Menschen dazu veranlaßt, Gutes tun zu wollen und es gerne zu tun.[71] Was bei den wenigen uns bekannten Menschen, die ihr ganzes Leben dem »Gutes-Tun« gewidmet haben, wie Jesus von Nazareth oder der Heilige Franziskus von Assisi, am offenkundigsten ist, ist sicher nicht Sanftmut, sondern eher eine überfließende Kraft, vielleicht nicht des Charakters, sondern schon ihrer Natur.

Es ist wichtig zu verstehen, daß dieser Entwurf der aus dem Mehr an Kraft hervorgehenden Verschwendungssucht des Willens nicht auf irgendwelche bestimmten Ziele hinweist. Nietzsche hat das im folgenden unterstrichen: »[I]ch lernte die Ursache des Handelns unterscheiden von der Ursache des So- und So-Handelns, des In-dieser Richtung-, Auf-dieses Ziel hin-Handelns. Die erste Art Ursache ist ein Quantum von aufgestauter Kraft, welches darauf wartet, irgend wie, irgend wozu verbraucht zu werden; die zweite Art ist dagegen etwas an dieser Kraft gemessen ganz Unbedeutendes, ein kleiner Zufall zumeist, gemäß dem jenes Quantum sich nunmehr auf Eine und bestimmte Weise ›auslöst‹: das Streichholz im Verhältnis zur Pulvertonne.«[72] Das enthält zweifellos eine gefährliche Unterschätzung dieser sogenannten zweiten Ursache, die nun mal die moralisch entscheidende Frage einschließen, ob sich der Wille, etwas zu tun, in die Richtung des Recht-Tuns oder des Unrecht-Tuns wendet. Die Unterschätzung ist im Rahmen von Nietzsches Philosophie verständlich – wenn denn diese höchst erstaunliche Anhäufung von Fragen und Problemen und das ständige Experimentieren mit ihnen, bei dem niemals ein unzweideutiges Ergebnis zurückbleibt, Philosophie genannt werden kann.

Doch befassen wir uns hier nicht mit Nietzsches Philosophie, sondern ausschließlich mit verschiedenen Entdeckungen hinsichtlich des Willensvermögens. Und wir sind dankbar, daß er zumindest zwischen zwei Faktoren unterschied, die in traditionellen wie modernen Abhandlungen über den Willen miteinander vermengt werden, nämlich seine kommandierende Funktion und seine Funktion als Schiedsrichter, das heißt, der Wille als etwas, das angerufen wird und dann wie ein Richter über miteinander im Streit liegende Ansprüche urteilt, wobei angenommen wird, daß er Recht von Unrecht unterscheiden kann. In der philosophischen Tradition finden Sie die ganze Frage des freien Willens üblicherweise unter der Überschrift »liberum arbitrium« (freie schiedsgerichtliche Schlichtung) abgehandelt, so daß sich in der Diskussion moralischer Fragen der Akzent ganz von der Ursache des Handelns als solchem auf die Frage, welche Ziele anzustreben und welche Entscheidungen zu fällen sind, verlagert hat. Mit anderen Worten: Die kommandierende Funktion des Willens (die in den Köpfen von Paulus und Augustinus solche Schwierigkeiten erzeugte) verschwand im Hintergrund, und die urteilende Funktion (daß er klar und frei zwischen Recht oder Unrecht unterscheiden könnte) kam in den Vordergrund. Der Grund hierfür läßt sich unschwer erraten. Mit der Institutionalisierung des Christentums erschien das Du-sollst und das Du-sollst-nicht, erschien das, was kommandiert, mehr und mehr ausschließlich als eine Stimme von außerhalb, sei es als die direkt zu Menschen sprechende Stimme Gottes oder die der kirchlichen Autorität, deren Aufgabe es ist, die Stimme Gottes unter den Gläubigen zu Gehör zu bringen. Und es stellte sich mehr und mehr die Frage, ob der Mensch in sich ein Organ besitzt, das zwischen widerstreitenden Stimmen unterscheiden kann. Dieses Organ war – entsprechend der lateinischen Bedeutung des Wortes »liberum arbitrium« – durch die gleiche Uninteressiertheit gekennzeichnet, wie wir sie für die richterliche Funktion im Gerichtssaal fordern, wo Richter oder Geschworene für untauglich erklärt werden, wenn sie in der zu verhandelnden Sache befangen sind. Der Schiedsrichter war ursprünglich der Mann, der sich einem Ereignis als unbeteiligter Beobachter, als Augenzeuge näherte (»adbitere«) und wegen seines Nicht-beteiligt-Seins eines unparteiischen Urteils für fähig gehalten wurde. So meint die Freiheit des als »liberum arbitrium«

verstandenen Willens dessen Unparteiischkeit – sie meint nicht diese unerklärbare Quelle der Spontaneität, die zum Handeln veranlaßt.[73]

Das jedoch sind Angelegenheiten der Philosophiegeschichte. Wir dagegen wollen unsere Aufmerksamkeit dem Urteil zuwenden, dem wahren Schiedsrichter zwischen Recht und Unrecht, schön und häßlich, wahr und unwahr. Dabei interessiert uns hier ausschließlich die Frage, wie wir Recht von Unrecht unterscheiden. Kant seinerseits ist dieses Problem merkwürdigerweise mit der Frage angegangen, wie ich Schönes von Häßlichem unterscheide – und dies, obwohl er keineswegs einen besonderen Sinn für die Künste besaß. Ursprünglich stellte er sich seine *Kritik der Urteilskraft* als eine Kritik des Geschmacks vor. Er nahm an, daß es für die Wahrheit und das Recht ein solches Problem nicht gäbe; denn er glaubte, daß genauso wie die menschliche Vernunft in ihrer theoretischen Fähigkeit die Wahrheit durch sich selbst, ohne irgendeine Hilfe eines anderen geistigen Vermögens kennt, daß dieselbe Vernunft in ihrer praktischen Fähigkeit »das moralische Gesetz in mir« kennt. Er bestimmte das Urteil als das Vermögen, das immer ins Spiel kommt, wenn wir uns mit Besonderem befassen; das Urteil entscheidet über die Beziehung zwischen einem besonderen Beispiel und dem Allgemeinen, wobei das Allgemeine eine Regel, ein Norm oder ein Ideal oder irgendeine Art von Maß sein mag. Bei allen Fällen von Vernunft und Wissen subsumiert das Urteil das Besondere unter die entsprechende allgemeine Regel. Selbst dieses offenbar einfache

Verfahren hat seine Schwierigkeiten; denn da es keine Regeln für die Subsumtion gibt, muß hier frei entschieden werden. Demnach: »Der Mangel an Urteilskraft ist eigentlich das, was man Dummheit nennt, und einem solchen Gebrechen ist gar nicht abzuhelfen. Ein stumpfer oder eingeschränkter Kopf ... ist durch Erlernung sehr wohl, so gar bis zur Gelehrsamkeit, auszurüsten. Da es aber gemeiniglich alsdenn auch an jenem ... [der Urteilskraft] zu fehlen pflegt, so ist es nichts Ungewöhnliches, sehr gelehrte Männer anzutreffen, die, im Gebrauche ihrer Wissenschaft, jenen nie zu bessernden Mangel häufig blicken lassen.«[74] Die Sache wird etwas schlimmer, wo es um solche Urteile geht, auf die keine festen Regeln und Normen angewandt werden können, wie in Fragen des Geschmacks, und wo daher das »Allgemeine« als im Besonderen enthalten angesehen werden muß. Niemand kann Schönheit definieren; und wenn ich sage, diese bestimmte Tulpe sei schön, meine ich nicht, daß alle Tulpen schön seien und diese deshalb auch, noch verwende ich einen für alle Objekte gültigen Begriff von Schönheit. Was Schönheit, etwas Allgemeines, ist, das weiß ich, weil ich es sehe und eine entsprechende Behauptung aufstelle, wenn ich ihm in Besonderheiten begegne. Wie weiß ich, daß solche Urteile eine gewisse Gültigkeit besitzen, und warum kann ich das behaupten? Dies sind, vereinfachend zusammengefaßt, die im Mittelpunkt stehenden leitenden Fragen der *Kritik der Urteilskraft*.

Doch allgemein können wir behaupten, daß der Mangel an Urteilskraft sich auf allen Gebieten zeigt: Wir nennen ihn Dummheit bei verstandesmäßigen (kognitiven) Angelegenheiten, Geschmacklosigkeit in ästhetischen Fragen und moralische Stumpfheit oder Geisteskrankheit, wenn es sich um Verhalten handelt. Und das Gegenteil all dieser besonderen Mängel ist, nach Kant, der Gemeinsinn – genau der Boden, auf dem die Urteilskraft sich herausbildet, wenn immer sie ausgeübt wird. Kant selbst analysierte in erster Linie ästhetische Urteile, weil es ihm schien, daß wir nur auf diesem Gebiet ohne allgemeine Regeln, die entweder beweisbar wahr oder selbstverständlich befolgbar sind, urteilen. Wenn ich deshalb jetzt seine Ergebnisse für das Gebiet der Moral gebrauche, nehme ich an, daß dieses Gebiet des menschlichen Zusammenseins und Verhaltens sowie die Erscheinungen, denen wir dabei begegnen, irgendwie von gleicher Natur sind. Um diese Annahme zu rechtfertigen, will ich Sie an unsere erste Sitzung erinnern, in der ich den nicht sehr erfreulichen Hintergrund der tatsächlichen Erfahrungen, aus denen diese Betrachtungen hervorgegangen sind, erklärte.

Ich erwähnte den totalen Zusammenbruch moralischer und religiöser Normen unter Leuten, die allem Anschein nach immer an sie geglaubt hatten, und ich habe auch die unleugbare Tatsache angeführt, daß die Wenigen, denen es gelang, nicht in den Wirbel hineingezogen zu werden, keineswegs die »Moralisten« waren, also Leute, die schon immer Regeln des richtigen Verhaltens hochgehalten hatten, sondern im Gegenteil sehr oft jene, die schon vor dem Debakel sowieso von der objektiven Nicht-Gültigkeit dieser Normen als solcher überzeugt gewesen waren. Theoretisch also befinden wir uns heute in der gleichen Situation, in der sich das 18. Jahrhundert im Hinblick auf schiere Geschmacksurteile befand. Kant war empört darüber, daß die Frage nach der Schönheit willkürlich entschieden werden sollte – im Geiste von »de gustibus non disputandum est« (über Geschmack läßt sich nicht streiten), ohne daß die Möglichkeit von Streitgesprächen und gemeinsamem Übereinkommen gegeben war. Selbst in Umständen, die sehr weit davon entfernt sind, irgend etwas Katastrophales anzuzeigen, sind wir heute meist in genau derselben Lage, wenn es zu Diskussionen über Moralfragen kommt. Lassen Sie uns also zu Kant zurückkehren!

Gemeinsinn war für Kant nicht ein Sinn, der uns allen gemeinsam ist, sondern genaugenommen jener Sinn, der uns in eine Gemeinschaft mit Anderen einpaßt, uns zu ihren Mitgliedern macht und uns in die Lage versetzt, Dinge, welche unseren fünf privaten Sinnen gegeben sind, zu kommunizieren. Das tut er unter Zuhilfenahme eines anderen Vermögens, der Einbildungskraft (für Kant das geheimnisvollste Vermögen). Einbildungskraft oder Repräsentation – den zwischen beiden bestehenden Unterschied können wir hier vernachlässigen – bezeichnet meine Fähigkeit, in meinem Geist ein Bild von etwas zu haben, das nicht anwesend ist. Die Repräsentation oder Vergegenwärtigung macht das gegenwärtig, was abwesend ist – zum Beispiel die George Washington Bridge[75]. Doch während ich vor meinem geistigen Auge die weit entfernte Brücke heraufbeschwören kann, habe ich in meinem Kopf tatsächlich zwei Einbildungen oder Repräsentationen: erstens die besondere Brücke, die ich oft gesehen habe, und zweitens ein schematisches

Bild von Brücke als solcher, mit dem ich jede besondere Brücke, einschließlich dieser einen, als Brücke erkennen und identifizieren kann. Diese zweite schematische Brücke erscheint niemals vor meinen körperlichen Augen; in dem Augenblick, in dem ich sie zu Papier bringe, wird sie eine besondere Brücke, ist sie kein bloßes Schema mehr. Die gleiche repräsentierende Fähigkeit nun, ohne die Wissen überhaupt nicht möglich wäre, erstreckt sich auch auf andere Menschen, und die in der Erkenntnis erscheinenden Schemata werden im Urteil zu Beispielen. Der Gemeinsinn kann, aufgrund seiner Einbildungskraft, in sich alle diejenigen anwesend haben, die in Wirklichkeit abwesend sind. Ich kann, wie Kant sagt, an der Stelle jedes Anderen denken, so daß wenn jemand urteilt, daß dies schön ist, er nicht lediglich sagen möchte: Das gefällt mir (so wie etwa Hühnersuppe mir zusagen mag, aber Anderen nicht), sondern daß er von Anderen »Beistimmung« verlangt; denn beim Urteilen hat er sie schon in Betracht gezogen und hofft deshalb, daß seine Urteile eine gewisse allgemeine, wenn auch vielleicht nicht universale Gültigkeit besitzen mögen. Die Gültigkeit wird so weit reichen wie die Gemeinschaft, zu der ich qua Gemeinsinn als Mitglied gehöre – Kant, der sich als Weltbürger begriff, hoffte, daß sie sich auf die gesamte Menschengemeinschaft erstreckte. Kant nennt dies »erweiterte Denkungsart«, was bedeutet, daß der Mensch ohne solch ein Übereinkommen für den zivilisierten Verkehr nicht geeignet ist. Der entscheidende Punkt ist, daß mein Urteil in einem bestimmten Fall nicht nur von meiner Wahrnehmung abhängt, sondern davon, daß ich mir etwas repräsentiere [vergegenwärtige], was ich nicht wahrnehme.

Lassen Sie mich das veranschaulichen: Nehmen wir an, ich schaue auf ein bestimmtes Wohnhaus in einem Slum und nehme in diesem besonderen Gebäude die allgemeine Vorstellung wahr, die es nicht direkt sichtbar macht: die Vorstellung von Armut und Elend. Ich komme zu dieser Vorstellung, indem ich mir vergegenwärtige, wie ich mich fühlte, wenn ich dort leben müßte, das heißt, ich versuche an der Stelle des Slum-Bewohners zu denken. Das Urteil, das ich fälle, wird keineswegs notwendigerweise dasselbe sein wie das der dort Lebenden, welche gegenüber ihrer Lebenssituation mit der Zeit und durch Hoffnungslosigkeit stumpf geworden sein mögen, doch wird es ein hervorragendes Beispiel für mein weiteres Urteilen in diesen Angelegenheiten werden. Überdies: Auch wenn ich Andere beim Urteilen berücksichtige, heißt das nicht, daß ich in meinem Urteil mit dem ihren übereinstimme. Ich spreche immer noch mit meiner eigenen Stimme und zähle nicht Stimmen ab, um zu dem zu kommen, was ich für richtig halte. Aber mein Urteil ist auch nicht mehr in dem Sinne subjektiv, daß ich zu meinen Schlußfolgerungen nur komme, indem ich mich selbst berücksichtige.

Wenn ich auch bei meinem Urteilen Andere berücksichtige, so sind doch nicht Alle eingeschlossen. Kant sagt explizit, daß sich die Gültigkeit solcher Urteile nur »über die ganze Sphäre der Urteilenden« ausdehnen kann, also auf die Leute, die auch urteilen. Um es anders auszudrücken: Jene, die sich weigern zu urteilen, dürfen die Gültigkeit meines Urteils nicht in Frage stellen. Der Gemeinsinn, mit dem ich urteile, ist ein allgemeiner Sinn, und Kant würde auf die Frage: Wie kann jemand gemäß einem Gemeinsinn urteilen, der doch den Gegenstand nach seinem privaten Sinn betrachtet?, antworten, daß die Gemeinschaft unter den Menschen einen Gemeinsinn hervorbringt. Die Gültigkeit des Gemeinsinns erwächst aus dem Umgang mit Leuten – genauso wie wir sagen, daß das Denken aus dem Umgang mit mir selbst entsteht. (»Denken ist Reden mit sich selbst ..., folglich sich auch innerlich ... Hören.«[76]) Mit diesen Einschränkungen allerdings können wir behaupten, daß mein Urteil um so *repräsentativer* sein wird, je mehr Standpunkte anderer Leute ich mir in meinem Denken vergegenwärtige und also bei meinem Urteil berücksichtigen kann. Die Gültigkeit solcher Urteile wäre weder objektiv und universal, noch subjektiv, von persönlichen Einfällen abhängig, sondern intersubjektiv oder repräsentativ. Diese Art repräsentativen Denkens, das nur durch die Einbildungskraft möglich ist, fordert gewisse Opfer. Kant sagt: Wir müssen sozusagen um der Anderen willen auf uns verzichten[77], und es ist mehr als eine Merkwürdigkeit, daß diese Leugnung der Selbstsucht nicht im Zusammenhang seiner Moralphilosophie vorkommt, sondern in dem der ästhetischen Urteile. Der Grund liegt im Gemeinsinn. Wenn der Gemeinsinn – jener Sinn, durch den wir zu Mitgliedern einer Gemeinschaft werden – die Mutter der Urteilskraft ist, dann kann nicht einmal ein Bild oder ein Gedicht, geschweige denn eine moralische Frage beurteilt werden, ohne im stillen die Urteile Anderer heranzuziehen und abzuwägen, auf die ich mich beziehe wie auf das Schema der Brücke, um andere Brücken zu erkennen. »Das Geschmacksurteil«, so Kant, »[gilt] nicht für egoistisch« – wir sind [, wie es im Englischen heißt:] »considerate« im ursprünglichen Sinne des Wortes, betrachten die Anderen mit (»con-siderare«), und wir müssen versuchen, ihre Zustimmung zu gewinnen, »um jedes anderen Beistimmung [werben]«, wie Kant es ausdrückt. Nichts von dieser Art ist in der Kantischen Moralphilosophie erforderlich. Hier handeln wir als vernünftige Wesen, und die Gesetze, denen wir Folge leisten, gelten für alle Intelligenzen, einschließlich der Bewohner anderer Planeten, der Engel und Gott selbst. Wir sind nicht »considerate«; denn wir brauchen uns die Standpunkte der Anderen nicht anzusehen, und wir schauen nicht auf die Folgen unserer Handlung, die für das Gesetz oder die Güte des Willens, dem die Tat entspringt, unerheblich sind. Nur wenn es zu diesen Geschmacksurteilen kommt, findet Kant eine Situation vor, in der das Sokratische: Es ist besser, mit der ganzen Welt uneins zu sein, als, Einer seiend, mit sich selbst uneins zu sein, etwas von seiner Gültigkeit verliert. Hier kann ich nicht mit der ganzen Welt uneins sein, doch ich mag mich immer noch mit einem guten Teil von ihr in Uneinigkeit befinden. Wenn wir Moralität unter mehr als ihrem negativen Aspekt – Böses zu unterlassen, was bedeuten kann, daß jegliches Tun unterlassen wird – betrachten, dann müssen wir menschliches Verhalten in dem Sinn betrachten, den Kant nur hinsichtlich des sozusagen ästhetischen Verhaltens für angemessen hielt. Und der Grund, warum er moralischen Sinn in diesem scheinbar so anderen Bereich menschlichen

Lebens entdeckte, war, daß er nur hier über den Menschen im Plural, als in einer Gemeinschaft lebend, nachdachte. In diesem Zusammenhang treffen wir deshalb auf den unparteiischen Schiedsrichter des Willens als »liberum arbitrium«. »Uninteressiertes Wohlgefallen« ist das, was wir, nach Kants Definition, im Angesicht von Schönheit empfinden. Egoismus kann damit nicht durch das Predigen von Moral überwunden werden, das, im Gegenteil, mich immer wieder auf mich selbst zurückwirft, sondern in Kants Worten: »Dem Egoism kann nur der Pluralism entgegengesetzt werden, d. i. die Denkungsart: sich nicht als die ganze Welt in seinem Selbst befassend, sondern als einen bloßen Weltbürger zu betrachten und zu verhalten.«[78]

Wenn wir nun an die objektiven Normen und Regeln des Verhaltens zurückdenken, denen entsprechend wir uns im Alltagsleben verhalten, ohne viel zu denken und ohne viel im Kantischen Sinne zu urteilen, das heißt, wo wir eigentlich besondere Fälle unter allgemeine Regeln bringen, ohne je die Regeln in Frage zu stellen, dann erhebt sich die Frage, ob es wirklich nichts gibt, an dem wir uns festhalten können, wenn wir aufgefordert sind zu entscheiden, daß dies Recht und jenes Unrecht ist, so wie wir entscheiden: Das ist schön, und das ist häßlich. Die Antwort auf diese Frage lautet: ja und nein. Ja, [es gibt etwas,] wenn wir damit allgemein anerkannte Normen meinen, wie wir sie in jeder Gemeinschaft im Hinblick auf Manieren und Konventionen besitzen, das heißt, hinsichtlich der »mores« der Moralität. Doch wird über Angelegenheiten von Recht und Unrecht nicht entschieden wie über Tischmanieren, als wenn nichts weiter auf dem Spiel stünde als akzeptiertes Verhalten. Und dann ist da tatsächlich etwas, woran der Gemeinsinn, wenn er zur Ebene des Urteilens aufsteigt, uns festhält, und das ist das Beispiel. Kant sagte: Beispiele sind »der Gängelwagen der Urteilskraft«[79], und das »repräsentative Denken«, das im Urteil gegenwärtig ist, wo Besonderheiten nicht unter etwas Allgemeines subsumiert werden können, nennt er auch exemplarisch. Wir können uns nicht an irgend etwas Allgemeinem festhalten, aber an einem bestimmten Besonderen, das zum Beispiel wurde. In gewisser Weise ähnelt dieses Beispiel dem schematischen Gebäude, das ich im Kopf habe, um alle Strukturen, die etwas oder jemanden behausen, als Gebäude zu erkennen. Doch im Gegensatz zum Schema ist das Beispiel dafür da, uns mit einem Qualitätsunterschied zu versorgen.

Lassen Sie mich diesen Unterschied an einem Fallbeispiel veranschaulichen, das außerhalb des moralischen Bereichs liegt, und lassen Sie uns fragen: Was ist ein Tisch? Um diese Frage zu beantworten, wenden sie sich entweder an die Form eines Tisches oder an dessen (Kantisches) Schema, wie es in Ihrer Einbildung gegenwärtig ist, dem jeder Tisch, um überhaupt Tisch zu sein, entsprechen muß. Lassen Sie uns dies den *schematischen Tisch* nennen (der, nebenbei bemerkt, ziemlich dasselbe ist wie der »ideale« Tisch, die Idee des Tisches, bei Plato). Oder Sie können alle möglichen Tische zusammentragen, sie ihrer Sekundäreigenschaften wie Farbe, Anzahl der Beine, Herstellungsmaterial usw. entkleiden, bis Sie bei einem Minimum an Eigenschaften anlangen, die allen gemeinsam sind. Lassen Sie uns dies den *abstrakten Tisch* nennen. Oder Sie können den besten aller Tische, die Sie kennen beziehungsweise sich vorstellen können, auswählen und sagen: Dies ist ein *Beispiel* dafür, wie Tische gemacht sein und wie sie aussehen sollten. Lassen Sie uns dies den *exemplarischen Tisch* nennen. Was Sie damit getan haben ist, daß Sie ein bestimmtes Fallbeispiel herausgenommen haben (»eximere«), das jetzt für andere besondere Fälle gültig *wird*. In den historischen und politischen Wissenschaften gibt es viele Begriffe, zu denen man auf diese Weise gelangt ist. Die meisten politischen Tugenden und Laster stellt man sich in den Begriffen eines exemplarischen Individuums vor: Achilles für Mut, Solon für Einsicht (Weisheit) etc. Oder nehmen Sie den Fall des Caesarismus oder Bonapartismus! Da haben Sie Caesar oder Napoleon zum Beispiel genommen, das heißt, als eine besondere Person, die Eigenschaften aufweist, die für andere Fälle gelten. Gewiß, niemand, der nicht weiß, wer Caesar oder Napoleon war, kann verstehen, worüber Sie sprechen, wenn Sie vom Caesarismus oder Bonapartismus reden. Die Gültigkeit des Begriffs ist also eingeschränkt, doch in seinen Grenzen ist er dennoch gültig.

Beispiele, die in der Tat der »Gängelwagen« aller urteilenden Tätigkeiten sind, sind auch und vor allem die Wegweiser allen moralischen Denkens. Das Ausmaß, in dem die alte und einst sehr paradoxe Aussage: Es ist besser, Unrecht zu leiden, als Unrecht zu tun, die Zustimmung der zivilisierten Menschen gewonnen hat, ist in erster Linie der Tatsache geschuldet, daß Sokrates beispielhaft handelte und damit für eine gewisse Weise des Verhaltens und des Entscheidens zwischen Recht und Unrecht zum Beispiel wurde. Dieser Standpunkt wird wiederum bei Nietzsche zusammengefaßt – dem letzten Philosophen, wie man zu denken geneigt ist, der moralische Fragen ernst nahm und deshalb alle moralischen Auffassungen vor seiner Zeit analysierte und durchdachte. Er sagte folgendes: »Es ist eine Entnatürlichung der Moral, daß man die Handlung abtrennt vom Menschen, daß man den Haß oder die Verachtung gegen die ›Sünde‹ [die Tat anstelle des Täters] wendet; daß man glaubt, es gebe Handlungen, welche an sich gut oder schlecht sind. ... [Bei jeder Handlung] kommt alles darauf an, wer sie tut. Ein und dasselbe ›Verbrechen‹ kann in einem Fall das höchste Vorrecht, im anderen das Brandmal [des Bösen] sein. Tatsächlich ist es die Selbstsucht der Urteilenden, welche eine Handlung, resp. ihren Täter, auslegt im Verhältnis zum eigenen Nutzen oder Schaden (– oder im Verhältnis zur Ähnlichkeit oder Nichtverwandtschaft mit sich).«[80] Wir urteilen und unterscheiden Recht von Unrecht, indem wir in unserem Kopf eine zeitlich und räumlich abwesende Person oder einen Fall gegenwärtig haben, die zu Beispielen geworden sind. Es gibt viele derartige Beispiele. Sie können weit zurück in der Vergangenheit liegen oder zum Lebenden gehören. Sie müssen nicht geschichtlich wirklich sein. So hat [Thomas] Jefferson einmal bemerkt: Der fiktive Mord an Duncan durch Macbeth errege in uns einen ebenso großen Abscheu vor Schurken wie der wirkliche von Heinrich IV., und ein lebendiger Sinn für Kindespflichten werde einem Sohn oder einer Tochter wirksamer durch die Lektüre von *King Lear* vermittelt als durch all die trockenen Wälzer über Ethik und Gott, die je geschrieben worden seien. (Das sollte jeder, der Moral lehrt, sagen, ein anderer Lehrer aber nicht.)

Nun gut, offensichtlich habe ich weder die Zeit noch wahrscheinlich die Fähigkeit, das alles genauestens darzustellen, das heißt, alle die Fragen, die ich während dieser vier Vorlesungsstunden selbst aufgeworfen habe, auch nur in kürzester Form zu beantworten. Ich kann nur hoffen, daß zumindest etwas von dem, wie wir in diesen schwierigen und drängenden Angelegenheiten denken und uns in ihnen bewegen können, sichtbar werden konnte. Zum Abschluß erlauben Sie mir noch zwei weitere Bemerkungen. Ich hoffe, daß unsere heutigen Erörterungen über Kant verdeutlicht haben, warum ich – über Cicero und Meister Eckhart – die Frage aufwarf, mit wem wir zusammen sein wollen. Ich versuchte zu zeigen, daß unsere Entscheidungen über Recht und Unrecht von der Wahl unserer Gesellschaft, von der Wahl derjenigen, mit denen wir unser Leben zu verbringen wünschen, abhängen werden. Und noch einmal: Diese Gesellschaft wird durch Denken in Beispielen ausgewählt, in Beispielen von toten oder lebenden wirklichen oder fiktiven Personen und in Beispielen von vergangenen oder gegenwärtigen Ereignissen. In dem unwahrscheinlichen Fall, daß jemand daherkommen könnte und uns erzählen, er würde gerne mit Ritter Blaubart zusammensein, ihn sich also zum Beispiel wählen, ist das einzige, was wir tun können, dafür zu sorgen, daß er niemals in unsere Nähe gelangt. Doch ist, so fürchte ich, die Wahrscheinlichkeit weitaus größer, daß jemand kommt und uns sagt, es sei ihm egal, jede Gesellschaft wäre ihm gut genug. Diese Indifferenz stellt, moralisch und politisch gesprochen, die größte Gefahr dar, auch wenn sie weit verbreitet ist. Und damit verbunden und nur ein bißchen weniger gefährlich ist eine andere gängige moderne Erscheinung: die häufig anzutreffende Tendenz, das Urteilen überhaupt zu verweigern. Aus dem Unwillen oder der Unfähigkeit, seine Beispiele und seinen Umgang zu wählen, und dem Unwillen oder der Unfähigkeit, durch Urteil zu Anderen in Beziehung zu treten, entstehen die wirklichen »skandala«, die wirklichen Stolpersteine, welche menschliche Macht nicht beseitigen kann, weil sie nicht von menschlichen oder menschlich verständlichen Motiven verursacht wurden. Darin liegt der Horror des Bösen und zugleich seine Banalität.

Varianten aus der Vorlesung »Basic Moral Propositions« (University of Chicago, 1966)*

Variante 1

zu Text S. 22, Anm. 4; in der englischen Ausgabe note 1, p. 277

In moralischen Angelegenheiten ist es das Verhalten des *Einzelnen*, um das es geht, und das offenbarte sich in Gerichtsverhandlungen, wo nicht mehr die Frage gestellt wurde: War er ein großes oder kleines Rädchen im Getriebe?, sondern wo man fragte: Warum hat er sich bereit erklärt, überhaupt ein Rädchen zu werden? Was geschah mit seinem Gewissen? Warum ist es nicht tätig geworden beziehungsweise warum hat es in entgegengesetzter Richtung gearbeitet? Und warum hat man im Nachkriegsdeutschland keinen Nazi gefunden? Warum konnte es [das Gewissen] eine zweite Kehrtwendung machen, einfach wegen der Niederlage?

* Die Varianten hat Jerome Kohn ausgewählt und in seiner Ausgabe im Teil »Notes« veröffentlicht. Zu Einzelheiten und zum Vorgehen in der deutschen Übersetzung siehe unten S. 173f.

Variante 2

zu Text S. 42, Anm. 18; in der englischen Ausgabe note 9, p. 277f.

Bei Kant gibt es das Problem, wovon die Verpflichtung abgeleitet werden soll. Sie kann nicht von etwas Transzendentem außerhalb des Menschen abgeleitet werden, auch wenn sich ohne die Hoffnung auf eine intelligible Welt alle moralischen Verpflichtungen als »Hirngespinste« erweisen könnten. (Denn moralische Verpflichtungen bringen sich nur innerhalb des Menschen zur Geltung, und was ihre objektive Gültigkeit anlangt, könnte auch »ein Volk von Teufeln« oder ein vollkommener Schurke ihnen entsprechend handeln. Sie sind Diktate der »richtigen Vernunft«.) Eine transzendente Quelle würde den Menschen seiner Autonomie – daß er nur dem Gesetz in sich folgt, welches ihm seine Würde gibt – berauben. Deshalb könnte Pflicht ein »leerer Begriff« sein; denn auf die Frage: Warum soll ich meine Pflicht tun?, gibt es nur die Antwort: weil es meine Pflicht ist. Und die Annahme, daß ich, wenn ich etwas anderes tue, mich nicht in Übereinstimmung mit mir selbst befinde, hat bei Kant als Argument nicht die gleiche Kraft [wie bei Sokrates], weil Vernunft nicht gleich Denken ist und Denken nicht als Zwiegespräch von mir mit mir selbst verstanden wird. Die Verpflichtung wird bei Kant von dem »dictamen rationis« abgeleitet, einem Diktat der Vernunft. Und dieses Diktat ist ebenso unwiderlegbar wie andere Vernunftwahrheiten, so etwa mathematische Wahrheiten, die immer als Beispiel herangezogen werden.

Variante 3

zu Text S. 52, Anm. 23; in der englischen Ausgabe note 10, p. 278

Es gibt immer ein paar Menschen, bei denen das [der Druck, sich jenen Anderen in der Nazi-Gesellschaft anzupassen, Hrsg.] nicht funktioniert. Und mit diesen beschäftigen wir uns in dieser Vorlesung. Was hinderte sie daran, so zu handeln wie alle Anderen? Ihre noble Natur (wie Plato vorschlagen würde)? Worin besteht diese Vornehmheit? Wir folgen Plato und erkennen sie als diejenigen, für die bestimmte moralische Sätze selbstverständlich sind. Aber warum? Zunächst, wer waren sie? Diejenigen, die sich an die neue Ordnung anpaßten, waren keinesfalls jene, die revolutionär waren, die Rebellen waren etc. Offensichtlich nicht; denn sie bildeten die überwiegende Mehrheit. Der Zusammenbruch bestand darin, daß jene gesellschaftlichen Gruppen sich fügten, welche ohne Zweifel waren und niemals mit rebellischen Parolen Aufruhr gestiftet hatten. Sie waren »les salauds«, wie Sartre sie nannte, der sie mit den Tugendaposteln in der angesehenen Gesellschaft gleichsetzte.

Jene, die Widerstand leisteten, konnte man in allen Lebensbereichen finden, unter armen und vollkommen ungebildeten Menschen ebenso wie unter den Mitgliedern der guten und angesehenen Gesellschaft. Sie sagten sehr wenig, und ihr Argument war immer dasselbe. Es gab keinen *Konflikt*, keinen Kampf, das Böse war keine Versuchung. Sie sagten nicht, sie würden einen alles sehenden und rächenden Gott fürchten, selbst dann nicht, wenn sie religiös waren. Und das hätte auch nicht geholfen, weil die

Kirchen sich auch ganz schön angepaßt hatten. Sie sagten einfach: Ich kann nicht, ich will lieber sterben; denn das Leben wäre nicht mehr lebenswert gewesen, wenn ich das getan hätte.

Wir beschäftigen uns also mit dem Verhalten von gewöhnlichen Menschen, nicht von Nazis oder überzeugten Bolschewiken, nicht von Heiligen und Helden, und nicht von geborenen Verbrechern. Denn wenn es so eine Sache überhaupt gibt wie die, welche wir, mangels eines besseren Begriffs, Moralität nennen, dann bezieht sie sich mit Sicherheit auf solche gewöhnlichen Menschen und gewöhnlichen Ereignisse.

Variante 4

zu Text S. 73, Anm. 31; in der englischen Ausgabe note 12, p. 279

Das Selbst, für das es besser ist, Übles zu leiden als zu tun, ist eigentlich nicht so sehr diese Ganzheit des Ich-bin-Ich (*Richard III.*) als eine Tätigkeit. Worauf es ankommt, ist die Fähigkeit, mit sich selbst die Dinge durchzudenken, und weder ist es das Ich-bin (das an erster Stelle Eines ist und nicht Zwei-in-Einem – im Handeln sind Sie Einer, in der Welt erscheinen Sie als Einer), noch sind es die möglichen Ergebnisse. Sokrates lehrte nicht, er hatte kein Wissen; er widmete sich einem nicht endenden Prozeß, einem Prozeß, der von dem abhing, was immer vorgeschlagen wurde, um seinen Geist in Bewegung zu setzen. Im *Charmides* (165b, Übers. F. Schleiermacher) heißt es: »Kritias, …, du handelst mit mir, als behauptete ich, das zu wissen, wonach ich frage, und als könnte ich also, wenn ich nur wollte, gleich dir beistimmen. So verhält es sich aber nicht, sondern ich suche erst mit dir, was wir uns aufgegeben haben, weil ich es eben selbst nicht weiß.« Sokrates wiederholt das häufig, auch im *Gorgias* (506a). So liegt die Betonung nicht auf dem Wissen, auf der Aneignung, sondern auf einer Tätigkeit. (Politisch scheint Sokrates geglaubt zu haben, daß nicht Wissen als solches, sondern Wissen darüber, wie man denkt, die Athener besser machen werde, fähiger, dem Tyrannen zu widerstehen usw.) Im Prozeß des Sokrates übrigens geht es um diesen Punkt [das Denken als Tätigkeit]: Sokrates lehrte keine neuen Götter, sondern wie man alles in Frage stellt. Für diejenigen, die die Nichtergebnisse solchen Fragens für Ergebnisse halten, kann dieses Götzenbilder zertrümmernde Unterfangen sehr gefährlich werden. Keiner, der weiß, wie man denkt, wird je wieder fähig sein, einfach zu gehorchen und sich anzupassen, nicht wegen eines rebellischen Geistes, sondern wegen der Angewohnheit, alles zu untersuchen. In der *Apologie* lautet die letzte Antwort, die Sokrates den Richtern gibt: Ich kann nicht anders als *untersuchen*. Warum konnte er das nicht im stillen tun? Vorrang von »dialegesthai« vor »dianoeisthai«.

Variante 5

zu Text S. 96, Anm. 41; in der englischen Ausgabe note 14, p. 280

In der Vorlesung »Basic Moral Propositions« hat Arendt »vier grundlegende, immer wiederkehrende Momente« des Gewissens definiert. (Hrsg.)

Mein Gewissen ist (a) Zeuge, (b) meine Urteilskraft, das heißt, meine Fähigkeit, Recht von Unrecht zu unterscheiden, (c) das, was in mir über mich richtet, (d) eine Stimme in mir, der biblischen von außen kommenden Stimme Gottes gegenübergestellt.

Das Wort »con-scientia«, »syn-eidenai« war ursprünglich Bewußtsein, und nur die deutsche Sprache hat zwei Worte: (moralisches) Gewissen und Bewußtsein. »Conscientia«: Ich weiß mit mir selbst zusammen [»con-scire«], oder weil ich weiß, bin ich dessen gewahr, daß ich weiß. »Syn-eidenai«: erfolgt immer und hauptsächlich bei Plato und Aristoteles mit mir selbst – »emauto«, »hautois« etc. Im Griechischen wurde das Wort nicht in einer spezifisch moralischen Weise benutzt, obwohl mir schlechte Taten bewußt sein können und dieses Bewußtsein (bei Euripides »synesis«) sehr unerfreulich sein kann. Dieses Bewußtsein kann so verstanden werden, daß es meine Existenz bezeugt. In dem Maße, in dem ich mir meiner selbst bewußt bin, weiß ich, daß ich bin. Wenn ich mir meiner nicht bewußt bin, weiß ich nicht, ob ich überhaupt bin. Bei Augustinus und später bei Descartes wurde die Frage nach der Wirklichkeit, einschließlich meiner eigenen, gestellt. Augustins Antwort war, daß ich daran zweifeln mag, ob etwas überhaupt existiert, doch daß ich nicht bezweifeln kann, daß ich zweifle.

Hier sehen Sie bereits das Zwei-in-Einem, die Spaltung. Ich kann über mich selbst Zeugnis ablegen. Zum ersten Mal, als wir bei Cicero »conscientia« gebraucht finden (*De officiis*, 3.44), ist damit folgendes gemeint: Wenn ich wegen etwas, das allen Menschen verborgen ist, unter Eid stehe, sollte ich mich daran erinnern, daß ich einen Gott als Zeugen habe. Nach Cicero heißt das, daß »mein Geist mein Zeuge« ist und daß »der Gott selbst den Menschen mit nichts Göttlicherem ausgestattet hat«. (In diesem Sinne begegnet uns 1500 Jahre v. Chr. in Ägypten ein königlicher Diener, der seine Dienste im einzelnen aufzählt und berichtet: Mein Herz sagte mir, ich solle all dies tun. Es war ein ausgezeichneter Zeuge.) Worum es sich hier dreht, ist: *ein Zeuge für das, was verborgen ist.* So spricht Paulus im Neuen Testament (*Römer* 2, 14ff.) hinsichtlich der »Geheimnisse des Menschen« vom Gewissen, das Zeugnis ablegt, und von Gedanken, die, im Menschen Rat haltend, einander widerstreiten; die sich wie im Gerichtssaal »untereinander verklagen oder entschuldigen«. Im *2. Korinther* (1.12) ist »syneidesis« gleich Zeugnis. Bei Seneca: ein heiliger Geist, der unsere bösen und guten Taten beobachtet und über sie wacht. So war das Gewissen während des Mittelalters eng mit Gott, der die Geheimnisse des menschlichen Herzens kennt (*Matthäus* 6, 4), verbunden.

Im Mittelalter gab es gewöhnlich eine scharfe Trennung zwischen Gewissen als (a) Selbstbewußtsein und (b) Fähigkeit, entsprechend einem eingeborenen Gesetz, Recht von Unrecht zu unterscheiden.

Die Stimme des Gewissens ist auch sehr alt, nicht nur deshalb, weil wir sie im *Alten Testament* finden, wo Gott unaufhörlich mit den Menschen spricht, sondern vor allem wegen des Daimon von Sokrates. Ein Daimon ist etwas zwischen einem Gott und einem Sterblichen – ein Begleiter, den jeder Mensch besitzt. Er ist eine von außen kommende Stimme, der nicht geantwortet werden kann – sehr anders als »conscientia«. Und diese Stimme sagt mir nie, was ich tun soll, sondern hält mich vom Tun ab oder warnt mich davor.

Variante 6

zu Text S. 104, Anm. 44; in der englischen Ausgabe note 15, p. 280

Das Ziel, das die Vernunft setzt, mag mit dem Ziel des Begehrens nicht übereinstimmen. Wenn das der Fall ist, ist es wiederum die Vernunft, die die Entscheidung trifft. Die Vernunft ist ein höheres Vermögen, und von ihr gesetzte Ziele gehören einer höheren Ordnung an. Die Annahme ist, daß ich auf die Vernunft höre, daß die Vernunft die Wünsche beherrscht oder leitet. Die Vernunft sagt nicht: Du sollst nicht, sondern: Besser nicht!

Variante 7

zu Text S. 104, Anm. 46; in der englischen Ausgabe note 16, p. 281

An diesem Punkt wird klar, daß genau genommen weder Vernunft noch Begehren frei sind. Doch der Wille ist frei – als das Vermögen des Wählens. Mehr noch, die Vernunft offenbart das, was alle Menschen aufgrund ihres Menschseins gemein haben; das Begehren ist allen lebenden Organismen gemein. Nur der Wille ist ganz mein eigen. Indem ich will, entscheide ich. Und das ist das Vermögen der Freiheit.

Variante 8

zu Text S. 105, Anm. 47; in der englischen Ausgabe note 17, p. 281

In der Vorlesung »Basic Moral Propositions« befaßte sich Arendt mit der Möglichkeit, daß die Prohairesis des Aristoteles als eine Art Wille verstanden werden könne, und notierte (Hrsg.):

Genauere Bestimmung der Behauptung, daß es in der Antike keinen Willen gab: »Prohairesis« in der *Nikomachischen Ethik*, besonders Buch 3, Kap. 2–3. Das Wort bringt ein Ausstrecken in die Zukunft, ein Voraus-Nehmen oder -Wählen zum Ausdruck. Seine Definition lautet: »buleutike orexis ton eph' hemin«, ein überlegender Appetit hinsichtlich dessen, was in unserer Macht steht (1113a11).

Aristoteles ist unsicher hinsichtlich dieses Vermögens. Er

versucht immer, es auf Begehren und Vernunft zurückzuführen. Zum Beispiel sagt er, daß »appetitus« und »logos« die Ursprünge der Prohairesis sind (1139a31) und daß Prohairesis beides hat, »dianoia« und »orexis« (*De motu animalium*, 700b18–23). Vor allem aber wichtig: In der *Nikomachischen Ethik* sagt er, daß Prohairesis nicht für das Ziel, sondern für die Mittel da ist (1112b11). Ihr Gegenteil ist »bulesis tu telus« (1111b26). Hier wird das Ziel durch Nachdenken ermittelt. Aber in der *Rhetorik* verurteilen und loben wir gemäß der Prohairesis und nicht gemäß dem »ergon« oder der »praxis«. Alle Schlechtigkeit hat ihren Wohnsitz in der Prohairesis.

Nur an einer Stelle, in der *Metaphysik* (1013a21), ist die Prohairesis der Anfang von Praxis. Was in anderen Definitionen verlorengeht, ist das Ausstrecken in die Zukunft. Wenn wir dies zum Ausgangspunkt machen, folgern wir, daß der Wille, als das Vermögen, das sich in die Zukunft ausstreckt, die Bewegung allen Handelns ist. Diese Funktion des Willens hat ein Element des Nachdenkens wie des »appetitus« in sich. Wenn wir den Willen in dieser Hinsicht mit anderen Vermögen vergleichen, dann streckt sich das Begehren in die Welt aus, wie sie jetzt, im Gegenwärtigen, gegeben ist; die Erinnerung streckt sich in die Vergangenheit aus. Die Vernunft versucht, irgendwie über diese Zeitlichkeiten hinauszugehen. Sie versucht, in einen zeitlosen Raum zu gehen, wo zum Beispiel Zahlen immer das sind, was sie sind. Dann wird die Vernunft das größte aller Vermögen, weil sie sich mit zeitlosen Dingen beschäftigt.

Variante 9

zu Text S. 115, Anm. 56; in der englischen Ausgabe note 19, p. 281f.

Hier erhebt sich die Frage: Und wem gibt der Wille Befehle? Den Begierden? Ganz und gar nicht. Er befiehlt sich selbst, um die Begierden zu kontrollieren.

So also ist der Wille selbst gespalten, in einen Teil, der befiehlt, und einen anderen, der gehorcht. Der Wille »befiehlt nicht ganz, deshalb wird das, was er befiehlt, nicht getan« (Augustinus, *Confessiones*, 8.9). Denn in Wahrheit liegt die Sache so (8.10): »Ich war es, der wollte, der nicht wollte. Ich, ich selbst wollte weder ganz, noch nicht ganz, und war deshalb entzweigerissen.« Dieses *»Ich, ich selbst war« (»ego, ego eram«)* sollte Sie an das Sokratische: Es wäre besser für mich, der ich Einer bin, mit der ganzen Welt nicht übereinzustimmen als mit mir selbst, erinnern. Doch trotz des Ich-bin-ich gibt es »zwei Willen«: einen, der will und befiehlt, und einen, der widersteht und als Gegenwille agiert, und deshalb »ist es kein ungeheuerliches Ding, teils zu wollen und nicht zu wollen«. Es mag nicht ungeheuerlich sein, und es ist kein Wettstreit zwischen gegensätzlichen Prinzipien – als hätten wir zwei geistige Gemüter, »eins gut, eins böse«. Der Konflikt entsteht erst, wenn der Wille zu arbeiten beginnt, nicht eher. Er liegt in der Natur des Willens. Aber es handelt sich hier um einen Konflikt und nicht um ein stummes Zwiegespräch mit mir selbst. Wiederum bin ich zwar Zwei-in-Einem, doch nun gibt es Konflikt bei allem, was ich tue, selbst wenn ich mich sehr gut oder sehr böse verhalte. Der Beweis hierfür ist, daß das gleiche passiert, wenn »beide

Willen schlecht sind«. Die Schwierigkeit ist immer, wie man mit »ganzem Willen« will – wie ich »sagte, daß ich fast vollbracht hätte. Ich tat es fast und tat es nicht.« Nun haben wir vier Willen [siehe oben S. 114, Übers.], die alle zur gleichen Zeit arbeiten und sich gegenseitig lähmen, sich in der Schwebe halten.

An diesem Punkt erhebt sich die Frage, warum mir Gott einen Willen gegeben haben sollte. Hierzu wenden wir uns an *De libero arbitrio*. Die Frage hat zwei Seiten: Warum wurde der Wille gegeben, wenn es der Gnade bedarf, aus den selbst-geschaffenen mißlichen Lagen herauszukommen? Und warum wurde der freie Wille gegeben, da wir ja mit ihm sündigen können? Nur die zweite Frage wird explizit gestellt. Die Antwort ist, daß wir ohne den freien Willen nicht richtig leben könnten.

Eine weitere Frage erhebt sich: Warum wurde nicht ein anderes Vermögen gegeben? Ein Vermögen wie Gerechtigkeit, das keiner falsch gebrauchen kann (*De libero arbitrio*, 2.18). Die Antwort ist, daß es kein richtiges Handeln gibt außer durch die freie Wahl des Willens. Um es anders auszudrücken: Nur über den Willen können wir ganz verfügen, nur durch die Willenskraft sind wir ganz wir selbst. Oder (1.12): Der Wille ist solch ein großes Gut, weil alles, was Sie brauchen, um ihn zu haben, das Wollen ist: »velle solum opus est, ut habeatur«. Oder ist es durch den Willen, daß wir ein glückliches oder unglückliches Leben verdienen? Woraus folgt, daß wenn jemand richtig wollen will, er dann eine so große Sache mit solcher Leichtigkeit erhält, daß das zu haben, was er gewollt hat, nichts anderes ist als die Tatsache, es zu wollen. Doch wenn der Wille in sich selbst gespalten ist, liegt es dann nicht vielleicht in seiner Natur, diese Bewegung zum Schlechten hin hervorzurufen, und wenn das so ist, sündigen wir dann nicht von Natur aus und also aus Notwendigkeit? Die Antwort ist: Ja, vielleicht; doch wie erklären Sie dann die Tatsache, daß wir tadeln und loben? Denn der Geist wird durch nichts anderes als seinen eigenen Willen zum Sklaven des Begehrens gemacht; er ist nicht durch Begehren oder Schwäche der Sklave des Begehrens. Die letzte Frage: Wenn unsere schlechten Taten gewollt sind, wie stimmt das mit Gottes Vorauswissen überein? Die Antwort ist, daß Gott nicht der Urheber all dessen ist, was er weiß. Er zwingt uns nicht durch sein Vorauswissen.

In den Kapiteln 3.5. bis 3.17 wird der Dialog ein Monolog. Die Lage ist so mißlich geworden, daß Augustin es für nötig hält zu sagen: Sündige Seelen sollten dich niemals dazu bewegen zu sagen, daß es besser wäre, wenn es sie nicht gäbe, oder daß sie anders sein sollten, als sie sind (denken Sie an das »skandalon« von Jesus [*Lukas* 17, 2]: Verrat und Vergehen an den Kleinen, das heißt, jenen, die du in deiner Macht hast). Für Augustin bedeutet das soviel, als ob du das wolltest. Und seine Antwort ist, daß das Sein ein solch hohes Gut ist, daß du nicht wollen kannst, daß es nicht ist; du kannst das Nichts nicht denken. Der Gesprächspartner kehrt im 17. Kapitel zurück: Ich frage nach der Ursache des Willens. Doch handelt es sich dabei nicht um eine Frage ad infinitum? Wirst du nicht vielleicht erneut nach der Ursache jener Ursache fragen, wenn wir sie finden? Denn die Frage ist falsch. Der Wille ist das einzige, was keine ihm vorausgehende Ursache haben kann. Was denn könnte die Ursache des Willens, die dem Willen vorausgeht, sein? Entweder ist der Wille seine eigene Ursache, oder er ist nicht Wille. Wir stehen hier einer einfachen Tatsache gegenüber. Woraufhin Augustin bei *Römer* 7 und *Galater* 5 [im *Neuen Testament*] anlangt, und damit ist die philosophische Debatte beendet.

Variante 10

zu Text S. 131, Anm. 67; in der englischen Ausgabe note 20, p. 282

Freiheit also ist der freiwillige Verzicht auf den Willen.

Variante 11

zu Text S. 137, Anm. 73; in der englischen Ausgabe note 21, p. 283

Was uns völlig aus dem Blick geraten ist, ist der Wille als der frei wählende Schiedsrichter. Frei Wählen bedeutete, frei vom Begehren wählen. Wo das Begehren dazwischenfunkte, war die Wahl im voraus festgelegt. Der Schiedsrichter war ursprünglich der Mann, der sich einem Ereignis als unbeteiligter Beobachter näherte. Er war ein Augenzeuge und als solcher neutral. Weil er keine Interessen in der Sache hatte, wurde er des unparteiischen Urteils für fähig gehalten. Damit beginnt die Willensfreiheit als »liberum arbitrium« niemals etwas Neues, sie ist immer den Dingen, wie sie sind, gegenübergestellt. Sie ist das Vermögen der Urteilskraft.

Jedoch wenn das so ist, wie konnte es ihr je erlaubt sein, sich unter meinen Willensfähigkeiten aufzuhalten? Antwort: (a) Wenn angenommen wird, daß das letzte Ziel des Willens von der Vernunft als dem höchsten Gut gegeben wird, dann sind wir (bei Thomas von Aquin) nur in der Wahl der Mittel frei. Und diese Wahl zu treffen ist dann die Funktion des »liberum arbitrium«. Allerdings ist der Wille, gerade wenn er die Mittel will, nicht frei. Jedes Ziel schließt die Mittel, mit denen es erreicht werden kann, mit ein. Diese wiederum sind im voraus beurteilt, sie sind nur entweder bessere oder schlechtere, angemessenere oder unangemessenere Mittel. Eine Angelegenheit des Wählens eher als des Wollens. Nur im marginalen Fall ist das Willensvermögen beteiligt, wenn ich nämlich sage: Um dieses Ziel zu erreichen, muß ich Mittel einsetzen, die so schlecht sind, daß es besser ist, das Ziel nicht zu verfolgen. (b) Es gibt eine andere Möglichkeit: Der Wille erstreckt sich nicht nur in die Zukunft, sondern er ist auch das Vermögen, mit dem wir bestätigen oder verneinen können. Und in dieser Hinsicht gibt es in der Tat ein Element des Wollens in allem Urteilen. Ich kann zu dem, was ist, ja oder nein sagen. Bei Augustinus: »Amo: volo ut sis« (ich liebe dich heißt: ich will, daß du seist). Meine Bestätigung dessen, was ist oder wer ist, bringt mich in bezug zu dem, was ohnehin ist, wie meine Verneinung mich ihm entfremdet. In diesem Sinn ist Welt »dilectores mundi«, sind die »Liebhaber der Welt« die Welt. Oder die Liebe zur Welt begründet die Welt für mich, paßt mich in sie ein.

1 Dt.: Kaum etwas Materielles oder Etabliertes, an dessen Dauerhaftigkeit und Lebenswichtigkeit zu glauben mir beigebracht worden war, hat überdauert. Alles, von dem ich sicher war (oder sicher zu sein erzogen wurde), daß es unmöglich wäre, ist geschehen. – Arendt notiert diesen Satz auch in ihrem *Denktagebuch* (dort Heft XXIV, 48, S. 638). Eine Quelle gibt sie dort wie hier nicht an (Übers.).

2 Kant, *Die Metaphysik der Sitten*, B 227; von Hannah Arendt in deutscher Sprache zitiert (Übers.).

3 Original: »to prove a villain«. Das sind Worte aus einem Monolog Richards III. im gleichnamigen Drama von Shakespeare (Übers.).

4 Hierzu Variante 1, S. 151.

5 Morgenthaus Artikel erschien in *The New York Times Magazine* vom 22. November 1959, S. 17, 106. Charles Lincoln Van Doren war seinerzeit Assistant Professor an der Columbia University. Im Zuge des Skandals, der später Grundlage eines Films wurde: *Quiz Show* (1994), wurde er von der Fernsehgesellschaft NBC fallengelassen und gab seine Universitätskarriere auf. Arendt erwähnt diese Geschichte auch in einem ihrer Briefe an Mary McCarthy (1. Februar 1964) als Beispiel für die allseitige »moralische Verwirrung« (Übers.).

6 »das Moralische versteht sich von selbst« – im Original in deutscher Sprache (Übers.).

7 Bei Arendt deutsch zitiert, jedoch ohne Beleg (Übers.).

8 Kant, *Grundlegung zur Metaphysik der Sitten*, BA 21.

9 Kant, *Die Religion innerhalb der Grenzen der bloßen Vernunft*, B 38. – Zusatz Übers.: Siehe auch Arendt, *Denktagebuch*, Kant-Heft (S. 812).

10 Im Original in deutscher Sprache mit Quellenangabe (Hrsg., note 4, S. 277): Friedrich Nietzsche, *Werke in drei Bänden*, hrsg. von Karl Schlechta, München: Hanser, Bd. 3 (1956), S. 484. – Zusatz Übers.: Das Zitat entstammt einem der von Schlechta unter dem Titel »Aus dem Nachlaß der Achtzigerjahre« zusammengefaßten Aphorismen. In Nietzsche, *Der Wille zur Macht* (siehe unten Anm. 60), ist es unter der Nr. 253 zu finden.

11 Kant, *Kritik der reinen Vernunft*, A 819.

12 *Eine Vorlesung Kants über Ethik*, im Auftrag der Kantgesellschaft hrsg. von Paul Menzer, Berlin: Pan Verlag Rolf Heise, 1924, S. 93.

13 A. a. O., S. 62.

14 Kant, *Kritik der praktischen Vernunft*, A 289.

15 Kant, *Zum ewigen Frieden*, B 61.

16 Kant, *Grundlegung zur Metaphysik der Sitten*, BA 37.

17 A. a. O., BA 36f.

18 Hierzu Variante 2, S. 152.

19 In seiner *Geneaologie der Moral*, 1.15.

20 *Matthäus* 18, 6; hier nach der deutschen Übersetzung von Martin Luther. Siehe auch *Lukas* 17, 2 (Übers.).

21 Vgl. Hannah Arendt in ihrer Antwort auf die Frage nach »Auschwitz«, die Günter Gaus ihr 1964 in dem berühmt gewordenen Fernsehgespräch stellte: »Dies hätte nie geschehen dürfen. Und damit meine ich nicht die Zahl der Opfer. Ich meine die Fabrikation der Leichen ... Dieses hätte nicht geschehen dürfen. Da ist irgend etwas passiert, womit wir alle nicht fertig werden.« Hannah Arendt, *Ich will verstehen: Selbstauskünfte zu Leben und Werk*, hrsg. von U. Ludz, München-Zürich: Piper (Serie Piper 4591), 2005, S. 61f. (Übers.).

22 Vgl. Kant, *Zum ewigen Frieden*, B 88; *Grundlegung zur Metaphysik der Sitten*, BA 52 (Übers.).

23 Hierzu Variante 3, S. 153f.

24 »Responsibility and Existence«, in: *Nomos: Yearbook of the American Society of Political and Legal Philosophy*, Bd. 3, 1960, S. 43–70. – Zusatz Übers.: Diesen Abschnitt, in dem sich

Arendt mit dem genannten Artikel von G. A. Schrader auseinandersetzt, hat Jerome Kohn als note 11 (S. 279) gedruckt. Dem für die deutsche Übersetzung gewählten Format (s. S. 174) entspricht es eher, ihn an der ursprünglichen Stelle stehen zu lassen.

25 Hier und im folgenden wird die deutsche Übersetzung des *Gorgias* von Friedrich Schleiermacher zitiert. Sie ist nachgedruckt in: Platon, *Werke in acht Bänden: griechisch und deutsch*, bearbeitet von Peter Staudacher [...], Darmstadt: Wissenschaftliche Buchgesellschaft, 2. Aufl., 1990, Bd. 2. Die im Text eingefügten Stellenangaben des *Gorgias* entsprechen den in dieser Ausgabe mitgeteilten (Übers.).

26 In Schleiermachers Übersetzung lautet die Stelle, auf die hier Bezug genommen wird: »Erblickt er [der Richter Rhadamanthys] ... bisweilen eine andere Seele, die heilig und in der Wahrheit gelebt hat, eines ›eingezogenen‹ Mannes oder sonst eines, vornehmlich aber meine ich, o Kallikles, eines weisheitsliebenden, der das Seinige getan und nicht vielerlei äußerlich betrieben hat, so freut er sich und sendet sie auf die Inseln der Seligen« (Übers.).

27 Plato, *Gesetze*, 889e-890a. – Zusatz Übers.: Hier nach der Übersetzung von Klaus Schöpsdau und Hieronymus Müller, in: Platon, *Werke in acht Bänden* ..., a. a. O. (Anm. 25), Bd. 8.

28 Vgl. Plato, *Der Staat* [*Politeia*], 367e–368a.

29 Die Worte des griechischen Originals: »eme emauto« verbergen sich bei Schleiermacher in der Formulierung »ich allein mit mir selbst« (Übers.).

30 Plato, *Theaitetos*, 189e–190a; hier nach der Übersetzung von Friedrich Schleiermacher, in: Platon: *Werke in acht Bänden*, a.a.O. (Anm. 25), Bd. 6 (Übers.).

31 Hierzu Variante 4, S. 154f.

32 Siehe Plato, *Gorgias*, 508.

33 Gemeint ist der folgende von Cicero nach Catos Zeugnis überlieferte Satz des P. Cornelius Scipio Africanus: »Numquam se plus agere quam nihil cum ageret, numquam minus solum esse quam cum solus esset.« Arendt hat ihn bei ihrer Cicero-Lektüre notiert (*Denktagebuch*, Heft XI,2) und als eines der Motti für die Vorlesungen über *Thinking* der Reihe *The Life of the Mind* gewählt (Übers.).

34 »Aus hohen Bergen« am Ende von *Jenseits von Gut und Böse*.
35 Nietzsche, *Menschliches, Allzumenschliches*, Nr. 189.
36 Nikolaus von Kues, *De visione Dei* [*Vom Sehen Gottes*], Kap. 7.
37 Plato, *Apologia Sokratous* [*Des Sokrates Verteidigung*], 32a (Übers.).
38 Nietzsche an Paul Rée, Rapallo, letzte Dezemberwoche 1882 (Entwurf).
39 Im Deutschen etwa: erst denken, dann handeln (Übers.).
40 Vgl. Plato, *Apologia Sokratous* [*Des Sokrates Verteidigung*], 29c–d (Übers.).
41 Hierzu Variante 5, S. 156ff.
42 *Matthäus* 26, 24: »... weh dem Menschen, durch welchen des Menschen Sohn verraten wird: Es wäre ihm besser, daß derselbige Mensch nie geboren wäre.« – Dieses Bibelzitat wie alle folgenden nach der deutschen Übersetzung von Martin Luther (Übers.).
43 *Matthäus* 18, 6 (Übers.).
44 Hierzu Variante 6, S. 158.
45 Vgl. Augustinus, *De libero arbitrio* [*Vom freien Willen*], 3.1.2.
46 Hierzu Variante 7, S. 159.
47 Hierzu Variante 8, S. 159f.
48 Hrsg.: Hier sei angemerkt, daß Arendt in dem Band *Willing* [*Das Wollen*] von *The Life of the Mind* [*Vom Leben des Geistes*] an dieser Stelle eine abweichende Auffassung vertritt. Dort behauptet sie zwar auch, daß Epiktet sich nur mit der inneren Freiheit befaßt, nimmt aber gleichzeitig wahr, daß er eine Vorstellung vom Willen besitzt – eine ganz aktive und »allmächtige« (*Das Wollen*, Kap. 9: »Epiktet und die Allmacht des Willens«).
49 In der von Hannah Arendt zitierten englischen Übersetzung steht an der Stelle von Luthers »Vollbringen«: »how to perform«, wobei das »how« (wie) von Arendt hervorgehoben wird (Übers.).
50 Ohne Quellenangabe zitiert. Das gleiche Zitat findet sich in Arendt, *Das Wollen* (München 1979, S. 126), mit folgendem Hinweis: Zitiert nach Berard Vogt, »The Metaphysics of Human Liberty in Duns Scotus«, in: *Proceedings of the American Catholic Philosophical Association*, Bd. 16, 1940, S. 27–37, S. 28. Vogt gibt folgende Quelle an: Ox. II., d. 25, qu. un., no. 22 (Übers.).
51 Augustinus, *Confessiones* [*Bekenntnisse*], 8.8.
52 Augustinus, *Epistulae* [*Briefe*], 177.5.

53 Augustinus, *Confessiones* [*Bekenntnisse*], 8.8; vgl. *Retractationes* [*Überprüfungen*], 1.8.3.
54 Augustinus, *De libero arbitrio* [*Vom freien Willen*], 3.3.7.
55 Augustinus, *Confessiones* [*Bekenntnisse*], 8.8.
56 Hierzu Variante 9, S. 161ff.
57 Nietzsche, *Jenseits von Gut und Böse*, Nr. 40.
58 Nietzsche, *Jenseits von Gut und Böse*, Nr. 68.
59 Siehe oben S. 98.
60 Nietzsche, *Will to Power*, Nr. 293. – Zusatz Übers.: Dieser Nachweis von Hannah Arendt entspricht der Ausgabe: Friedrich Nietzsche, *Der Wille zur Macht: Versuch einer Umwertung aller Werte* (mit einem Nachwort von Alfred Bäumler, Stuttgart: Kröner [Kröners Taschenausgabe, 78], 1952), die hier und im folgenden zugrundegelegt wurde.
61 Nietzsche, *Jenseits von Gut und Böse*, Nr. 39.
62 Nietzsche, *Der Wille zur Macht*, Nr. 667.
63 Vgl. Augustinus, *De libero arbitrio* [*Vom freien Willen*], 3.18.52.
64 Im Englischen wörtlich zitiert, aber nicht belegt; das deutsche Zitat konnte nicht gefunden werden (Übers.).
65 Nietzsche, *Der Wille zur Macht*, Nr. 668.
66 Nietzsche, *Jenseits von Gut und Böse*, Nr. 19.
67 Hierzu Variante 10, S. 164.
68 Nietzsche, *Der Wille zur Macht*, Nr. 693.
69 Nietzsche, *Jenseits von Gut und Böse*, Nr. 19.
70 Nietzsche, *Der Wille zur Macht*, Nr. 692.
71 Nietzsche, *Der Wille zur Macht*, Nr. 949.
72 Nietzsche, *Die fröhliche Wissenschaft*, Nr. 360.
73 Hierzu Variante 11, S. 164f.
74 Kant, *Kritik der reinen Vernunft*, B172–173, Anm.
75 Die George Washington Bridge ist eine der Brücken, die die Halbinsel Manhattan mit dem nordamerikanischen Festland (Staat New Jersey) verbindet. Hannah Arendt konnte sie aus dem Fenster ihres Apartments am Riverside Drive sehen (Übers.).
76 Kant, *Anthropologie in pragmatischer Hinsicht*, § 36.
77 Vgl. Kant, *Kritik der Urteilskraft*, § 40.
78 Kant, *Anthropologie ...*, § 2.
79 Kant, *Kritik der reinen Vernunft*, B 174.
80 Nietzsche, *Der Wille zur Macht*, Nr. 292. – Zusatz Übers.: Eckige Klammern entsprechend dem englischen Original.

Zur deutschen Übersetzung

Hannah Arendt hat ihre Vorlesungen üblicherweise maschinenschriftlich ausgearbeitet. Die Typoskripte hat sie aufgehoben, sie bilden eine Abteilung des Nachlasses, der nach ihrem Tod der Library of Congress in Washington, D.C., übergeben wurde. Aus diesem Bestand hat Jerome Kohn, der Verwalter des Hannah Arendt Bluecher Literary Trust, das Manuskript der vierteiligen Vorlesung »Some Questions of Moral Philosophy«, die Arendt 1965 an der New School for Social Research gehalten hatte, ausgewählt und in den von ihm konzipierten Sammelband: Hannah Arendt, *Responsibility and Judgment* (Schocken Books, New York 2003), als wichtigstes Teilstück aufgenommen. Der Band enthält acht weitere veröffentlichte oder seinerzeit unveröffentlichte Texte.* Der Umstand, daß diese überwiegend be-

* Genaue Informationen hierzu in der Bibliographie aller deutsch- und englischsprachigen Veröffentlichungen von Hannah Arendt, in: dies., *Ich will verstehen: Selbstauskünfte zu Leben und Werk*, hrsg. von Ursula Ludz, München-Zürich: Piper (Serie Piper, 4591), 2005, S. 335f.

reits in deutscher Sprache und teilweise in Ausgaben des Piper Verlages vorhanden waren, hat die Entscheidung nahegelegt, die Vorlesung separat zu veröffentlichen. Hinzu kam, daß dies auch der bisherigen Verlagspolitik entsprach, Arendts zu Lebzeiten veröffentlichte Werke und die Manuskripte aus dem Nachlaß in getrennten Publikationen vorzulegen.

Die deutsche Ausgabe folgt der Kohnschen Veröffentlichung in dem genannten Band (dort S. 49–146) und übernimmt auch deren Teil »Notes« (S. 277–283), in dem u. a. von Kohn ausgewählte »Variants« zum Text von 1965 enthalten sind. Sie stammen aus der Vorlesung »Basic Moral Propositions«, welche Arendt kurze Zeit danach (1966) und, wie Kohn mitteilt, unter Verwendung des »Materials von der New Yorker Veranstaltung« an der University of Chicago gab. Allerdings wurden die »Varianten« ausgegliedert (hier S. 151–165) und der Anmerkungsteil neu gestaltet, indem einige dem Textkorpus entnommene Belege sowie für den deutschen Leser bestimmte Informationen hinzugefügt worden sind.

Kohn macht in seiner »Introduction« darauf aufmerksam, wie schwierig die Edition gerade dieser Vorlesung gewesen ist. Die hinterlassenen Papiere enthalten viele handschriftliche oder auch mit aufgeklebten Papierstreifen hinzugefügte maschinenschriftliche Zusätze, über deren Zuordnung der Herausgeber oft selbst entscheiden mußte. Der veröffentlichte Text ist grundsätzlich als ein Roh-Text anzusehen, von dem wir nicht wissen, ob ihn Hannah Arendt genauso vorgetragen hat und wie sie ihn verändert hätte, wenn sie ihn für den Druck aufbereitet hätte. Der Vorlesung gedanklich zuzuordnen ist im Werk der Autorin, soweit es zu ihren Lebzeiten erschienen ist, besonders die Abhandlung »Thinking and Moral Considerations« (1971 in *Social Research*), und im postumen Werk wären als einschlägige Buchveröffentlichungen *Vom Leben des Geistes* zu nennen, vor allem der Band 2: *Das Wollen*, aber auch die Einleitung zum Band 1: *Das Denken*, sowie *Das Urteilen*.

Was hier veröffentlicht wird, ist ein Text aus Arendts Werkstatt, gedacht – wie mit guten Gründen vermutet werden darf –, um den amerikanischen Studenten, seinerzeit noch vor der eigenen Vietnam- und Watergate-Erfahrung, etwas von den Problemen nahezubringen, die sie, die aus Europa vertriebene Jüdin und politische Theoretikerin der totalen Herrschaft, nach ihren Erfahrungen als Berichterstatterin beim Prozeß gegen Adolf Eichmann in Jerusalem (1961) erneut umtrieben. Denn die Eichmann-Erfahrung sowie die anschließenden »Stürme«, denen ihr Buch *Eichmann in Jerusalem* und sie selbst ausgesetzt waren, hatten sie zutiefst erschüttert und verunsichert. Die Vorlesung diente also auch der Selbstverständigung. Noch vor der zweiten Veranstaltungsreihe in Chicago, als sie Karl Jaspers davon berichtet (19. Februar 1966), sie wolle über »Grundfragen der Ethik« lesen, vertraut sie ihm an, sie habe »alle Manschetten davor«.

Die Unvollkommenheiten im Sprachlichen wie Systematischen, das Unabgeschlossene und zum Teil Aphoristische der Darstellung, worauf auch Kohn hinweist, sind diesen Umständen geschuldet; sie sollten mit Milde zur Kenntnis genommen werden. Und so wie der Herausgeber es als seine

Aufgabe ansah, die Gedanken verständlich zu machen, »ohne das, was Arendt sagen und wie sie es sagen wollte, zu ändern«, hat sich auch die Übersetzerin auf ein Minimum an Eingriffen beschränkt. Bis zu einem gewissen Grade ist dies im Deutschen sogar vergleichsweise einfacher gewesen; denn Hannah Arendt hat den deutschen Satzbau und Sprachduktus im Englischen beibehalten, vieles mußte also nur rückübertragen werden. Dabei ist nicht zu übersehen, daß das Rückübersetzte stellenweise veraltet wirkt, weil sich die deutsche Sprache, seit sie Arendts Mutter- und Schreibsprache war, stark verändert hat. Doch gerade dieser O-Ton sollte, der Vorgabe des Herausgebers folgend, nicht angetastet werden. Nun hat aber Arendt auch manches aus der englischen Sprache genutzt – nicht nur deren »enormous vocabulary« (Kohn), vielmehr auch die Möglichkeit des abgekürzten Formulierens, was im Falle der Vorlesung noch zusätzlich nahegelegen haben mag, da sie ja das Niedergeschriebene extemporierend verdeutlichen konnte. In einigen entsprechenden Fällen schien es geboten, Konstruktionen aufzulösen und Nebensätze einzufügen, um die Lesbarkeit des Textes zu erhöhen. Trotzdem sind dies dichte, nicht leicht zu lesende – man muß sagen – Textstücke geblieben, es handelt sich nicht um ein durchgestaltetes Manuskript. Die einzelnen Stücke sind hier durch Leerzeilen voneinander getrennt worden, und diese stammen von der Übersetzerin. Zusätze im Text erhielten eckige Klammern und in den Anmerkungen den Hinweis »Übers.«

München, im Oktober 2005 Ursula Ludz

TATEN UND TÄTER

Ein Nachwort von Franziska Augstein

Warum ein Schlagwort Furore macht, läßt sich meist nicht erklären. Oft ist es ein Spiel des Zufalls, wenn aus dem großen Wörtermeer einzelne Formulierungen an die Oberfläche steigen, um dann jahrzehntelang auf den Wellen neuer Kontroversen hin- und herzuhüpfen. Selten genug sind solche Wendungen so prägnant, daß sie ihre ursprüngliche Bedeutung durch die Zeiten mittransportieren. »Die Unfähigkeit zu trauern«, »Bonn ist nicht Weimar«, »das Prinzip Hoffnung«: das sind berühmte Passepartouts, Schlüsselbegriffe, die auf alles mögliche angewandt worden sind. Kaum jemand, der sie zitiert, hat eine Ahnung davon, was sie ursprünglich besagten. »Die Banalität des Bösen« hingegen ist eine Formulierung, die wenigstens einen Teil ihrer Bedeutung in sich trägt. Wenigen Menschen gelingt es, solche Worte zu prägen. Hannah Arendt hatte diese Begabung. Daß sie heute noch mehr denn zu ihren Lebzeiten als bedeutende Denkerin gilt, ist vor allem ihrer Sprachmächtigkeit zu danken.

Hannah Arendts klarer Stil entsprang weniger artistischem Streben als dem Wunsch, sich anderen verständlich zu machen. Das Denken begriff sie als Tätigkeit. Sprechen und Schreiben waren die Mittel ihrer Politik. Die tiefe Menschlichkeit ihrer Ansichten war von einem *common sense* durchdrungen, der sich ihren Lesern unmittelbar erschließt. In ihren Schriften vermischen sich das stringente Schlußfolgern und das intuitive Urteilen. Letzteres ist oft von polemischer Originalität und verleiht allen ihren Texten wenigstens passagenweise eine journalistische Färbung, die ihre Leser für sie einnimmt, weil sie wahrnehmen: Diese Autorin hat nicht in theoretischer Abstraktion über ihre Köpfe hinweggeschrieben. Hannah Arendt befand sich in einem fortdauernden Gespräch mit ihrem Publikum. Ihr Zugang zu den Themen, die sie philosophisch behandelte, war von ihrer politischen Anschauung bestimmt. Auch wer die gedanklichen Hintergründe ihrer Sätze nicht auf Anhieb versteht, wird – so er nur halbwegs guten Willens ist – mitgerissen vom Impetus der Humanität. Dies gilt auch für die Zeilen, mit denen die Vortragsreihe »Über das Böse« endet, die Hannah Arendt 1965 hielt:

Diese Indifferenz stellt, moralisch und politisch gesprochen, die größte Gefahr dar, auch wenn sie weit verbreitet ist. Und damit verbunden und nur ein bißchen weniger gefährlich ist eine andere gängige moderne Erscheinung: die häufig anzutreffende Tendenz, das Urteilen überhaupt zu verweigern. Aus dem Unwillen und der Unfähigkeit, seine Beispiele und seinen Umgang zu wählen, und dem Unwillen und der Unfähigkeit, durch Urteil zu Anderen in Beziehung zu treten, entstehen die wirklichen »skandala«, die wirklichen

Stolpersteine, welche menschliche Macht nicht beseitigen kann, weil sie nicht von menschlichen oder menschlich verständlichen Motiven verursacht wurden. Darin liegt der Horror des Bösen und zugleich seine Banalität.

In einem Absatz hat Hannah Arendt hier die Phänomene beschrieben, die gemeinhin als »Weggucken« oder »Mitmachen« bezeichnet werden: Man nimmt das Böse, das man duldet oder sogar verursacht, nicht wahr, weil man nicht darüber nachdenkt, was man tut. Sie hat hier auch zusammengefaßt, was sie 1965 von Adolf Eichmann hielt, zwei Jahre, nachdem sie *Eichmann in Jerusalem. Ein Bericht von der Banalität des Bösen* auf Englisch publiziert hatte.

Eichmann in Jerusalem ist ein Prozeßbericht und historischer Abriß über viele Aspekte der Deportation der Juden Europas hin zur Vernichtung. *Über das Böse* hingegen ist eine philosophische Vorlesung, die Allgemeingültigkeit beansprucht. Denn das unterscheidet die Philosophie von der Geschichte, der Soziologie oder der politischen Analyse: Sie will, anders als jene, stets allgemeingültige Aussagen machen. Die Vortragsreihe *Über das Böse* ist denn auch kein Nachfolgeprojekt, ist durchaus kein »Eichmann II«, sondern Hannah Arendts Versuch, ihre Ansichten vom Bösen des Nationalsozialismus in der Philosophiegeschichte wiederzufinden, es darzustellen und zum Bösen an sich in ein Verhältnis zu setzen.

Hannah Arendt mußte Hitler-Deutschland schon 1933, im Alter von 26 Jahren, verlassen. 1937 wurde ihr die deutsche Staatsbürgerschaft aberkannt. Die Demütigungen, die sie im Pariser Exil erlebte, kulminierten in ihrer Internierung im Lager Gurs in Südfrankreich. Anders als vielen anderen gelang ihr die Flucht, und sie konnte sich nach Amerika einschiffen. Diese Erlebnisse waren prägend. Die Nachrichten, die sie in den folgenden Jahren aus Deutschland erhielt, erfüllten sie mit Entsetzen. Mit einzelnen Deutschen hat sie nach dem Krieg das Gespräch wieder angeknüpft. Aber Deutschland und »die« Deutschen sind ihr suspekt geblieben. Vom »absoluten Bösen« spricht sie in dieser Vorlesung nicht. Gleichwohl hält sie das Böse des KZ-Systems und der Vernichtung der Juden für eine Steigerung dessen, was sonst böse genannt wird. »Ich habe gewöhnlich gesagt,«, schreibt sie zu Beginn dieser Vorlesung, »daß dies etwas ist, das niemals hätte geschehen dürfen; denn die Menschen werden unfähig sein, es zu bestrafen oder zu vergeben. Hiermit uns zu versöhnen und es zu begreifen, werden wir nicht in der Lage sein ...« Neben Hitler und seinen Deutschen verblaßt auch Stalin: »Von einem im strengen Sinne moralischen Standpunkt aus betrachtet, waren Stalins Verbrechen sozusagen altmodisch.« Das sei ein Diktator, der zu seinen Übeltaten nicht stand, und sich insofern genauso benommen habe wie jeder andere gewöhnliche Verbrecher. Die deutschen Verbrechen hingegen seien neu gewesen. Das Neue in Hannah Arendts Augen sind die – so ihr Wort – »Todesfabriken«, neu sei »das völlige Fehlen von Heuchelei«, das sie den deutschen Tätern unterstellt, neu sei auch der aberwitzige Versuch des NS-Regimes, einen anderen Wertekanon einzuführen. Kurz: In Deutschland hatte sich, wie sie schreibt, in den dreißiger und vierziger Jahren der »totale Zusammenbruch aller geltenden moralischen Normen im öffentlichen und privaten Leben« vollzogen.

Es ist nicht leicht, die neue Qualität des Bösen auf den Begriff zu bringen. Hannah Arendt stand vor der Aufgabe, eine Definition des Bösen zu erdenken, die es erlaubt, das Spezifische des Nationalsozialismus und seiner Konzentrationslager in Abgrenzung zum universal Bösen darzustellen. Wie schwierig das ist, zeigt eine Bemerkung des Rabbiners und Philosophieprofessors Emil Ludwig Fackenheim. Auch er wollte das fürchterliche Novum darstellen. Was aber war es? Daß man Unschuldige tötete? Daß man Kinder tötete? Daß man Millionen von Menschen tötete? »Die Tränen und Schreie jüdischer Kinder«, schrieb Fackenheim 1982, unterschieden sich nicht »von denen anderer Kinder«. Als einzigartig betrachtete er die »Endlösung« deshalb, weil dies Morden sein Ziel in sich selbst hatte und weil es »im wahrsten Sinne des Wortes eine auf ›Totalität‹ angelegte Vernichtung war« (zitiert nach: Christoph Münz: *Der Welt ein Gedächtnis geben. Geschichtstheologisches Denken im Judentum nach Auschwitz*, Gütersloh 1995, S. 282, 294).

Dem hätte Hannah Arendt zugestimmt. Ihre Frage nach dem Bösen ist damit jedoch nicht geklärt. Sie wollte wissen, was alle wissen wollen, die angesichts der NS-Verbrechen fassungslos sind: Wie konnte dies geschehen? Die Einzigartigkeit der nationalsozialistischen Verbrechen ist der Ausgangspunkt und zugleich auch der innere Angelpunkt ihrer Vorlesungen.

Um das Böse zu beschreiben, muß man auch wissen, wie man es vermeidet. Kant und seinen Kategorischen Imperativ betrachtet Hannah Arendt als wenig hilfreich. Sein unemphatisch-nüchterner Umgang mit Fragen der Moralphilosophie entspricht nicht ihrem Temperament. Schon gar nicht hilft er ihr bei der Klärung einer Geschichte, die »den Menschen … den Atem raubt und sie sprachlos macht«. Hannah Arendt hat, wie viele vor ihr, die Befürchtung, »daß Kant – trotz gegenteiliger Beteuerungen – eben doch nicht genau zwischen Legalität und Moralität trennte«. Kants Vorschlag, ein jeder solle die Maximen seines Handelns so bestimmen, daß sie zugleich allgemeine Gesetze sein könnten, scheint ihr auf ein Richtmaß hinauszulaufen, das für den einzelnen zu rigide ist. Wo das Gesetz regiert – so kann man den Vorbehalt von Hannah Arendt und anderen Kant-Kritikern grob zusammenfassen –, komme es auf das eigene moralische Empfinden nicht mehr an. In *Eichmann in Jerusalem* hat Hannah Arendt ihr Unbehagen so formuliert: Eichmann habe sich tatsächlich danach verhalten, »was er selbst ›den kategorischen Imperativ für den Hausgebrauch des kleinen Mannes‹ nannte. In diesem ›Hausgebrauch‹ bleibt von Kants Geist nur noch die moralische Forderung übrig, nicht nur dem Buchstaben des Gesetzes zu gehorchen …, sondern den eigenen Willen mit dem Geist des Gesetzes zu identifizieren – mit der Quelle, der das Gesetz entsprang« (Hannah Arendt: *Eichmann in Jerusalem. Ein Bericht von der Banalität des Bösen*, München 2005, S. 233). Eichmanns »Quelle« waren notabene Hitler und die rassistische Ideologie des Nationalsozialismus. Hannah Arendt hält Kant zugute, daß Eichmann seine Worte mißbraucht habe. Dennoch ist der Kategorische Imperativ ihr fremd;

etwas in ihren Worten läßt durchklingen, daß dies Konzept ihr zu »deutsch« gewesen sein könnte. Ihr kommt es auf das moralische Empfinden des Individuums an, nicht auf Gesetze und – was per Assoziation in der deutschen Philosophiegeschichte sogleich dazu gedacht wird – den Staat. Hannah Arendt will philosophisch ergründen, was in den Gemütern der NS-Mörder es war, das sie antrieb, ihre Taten zu verüben. Mit Kant konnte sie das nicht darstellen. Auch seine Gedanken über das »radikal Böse« halfen ihr nicht weiter, sie erwähnt sie in diesen Vorlesungen nicht einmal.

Die Gerichtssäle, in denen über die Nazi-Täter verhandelt wurde, betrachtet Hannah Arendt als einen fruchtbaren Ort, fast vergleichbar mit der Agora, auf der wir uns Sokrates im Gespräch vorstellen: »Das fast automatische Abwälzen von Verantwortung, wie es in der modernen Gesellschaft üblich ist, kommt in dem Augenblick, in dem Sie einen Gerichtssaal betreten, plötzlich zum Stillstand.« Vor Gericht muß das Individuum Rechenschaft ablegen, es geht um »persönliche Verantwortung und Schuld«. Deshalb, so schreibt Hannah Arendt, hätten die Verhandlungen über NS-Verbrechen »spezifisch moralische Fragen« aufs Tapet gebracht, Fragen, die sonst im Wust von politischem Kalkül, soziologischen Systematisierungen und psychologischer Nachsicht untergehen. Diese Beobachtung ist wichtig. In den sechziger Jahren schon hat Hannah Arendt gesehen, was erst viel später geläufige Einsicht wurde: Die NS-Prozesse taten viel dazu, zuvörderst die Deutschen, dann aber auch die Welt daran zu erinnern, daß man über die Vergangenheit nicht einfach hinweggehen kann.

Auf einem ganz anderen Blatt steht die Frage, ob diese Prozesse uns dabei halfen zu verstehen, was die NS-Täter bewegte. Hannah Arendt hatte diese Hoffnung. Von den Verhandlungen über Adolf Eichmann muß sie sich versprochen haben, aus ihnen zu erfahren, was so einen Verbrecher antrieb. Weniger für den *New Yorker* als für sich selbst mußte sie eine Antwort finden. Und so hat sie dem Prozeß der Wahrheitsfindung im Gerichtssaal mehr zugetraut, als er erbringen konnte. Sie, die Kant-Kritikerin, hat sich auf die klärende Kraft der formalen Prozeduren eines Prozesses verlassen und dabei die allfällige Binsenweisheit ein wenig aus den Augen verloren, die da lautet: Jeder Angeklagte lügt, so gut er kann. Hannah Arendt hat Adolf Eichmanns Einlassungen vor Gericht am Ende Glauben geschenkt. Sie hat ihm geglaubt, wenn er beteuerte, er hasse die Juden nicht; sie hat ihm im großen und ganzen auch geglaubt, wenn er behauptete, lediglich seine Pflicht als zuverlässiger Staatsbediensteter getan zu haben. Und Hannah Arendts Leser haben ihr geglaubt. Noch 2005 wurde der jüngsten Neuauflage von *Eichmann in Jerusalem* ein in diesem Sinn verfaßter zwanzig Jahre alter und mittlerweile historischer Essay von Hans Mommsen vorangestellt. Irmtrud Wojak, eine Schülerin Hans Mommsens, hat indes 2001 gezeigt, daß Hannah Arendt sich von Eichmanns Verteidigungsstrategie täuschen ließ. Zu diesem Buch, *Eichmanns Memoiren*, hat Hans Mommsen auch ein Vorwort geschrieben. »Anders als Arendt«, heißt es darin, habe Irmtrud Wojak gezeigt, daß Eichmanns »antisemitische Einstellung« ein »handlungsleitender Faktor« gewesen sei (Irmtrud Wojak:

Eichmanns Memoiren. Ein kritischer Essay. Frankfurt a. M. 2001, S. 14).

Die Protokolle der Gespräche Adolf Eichmanns mit dem ehemaligen SS-Offizier Willem Sassen, die Grundlage des Buches von Irmtrud Wojak sind, hat Hannah Arendt nicht zu lesen bekommen. Wie hätte sie den »Hanswurst« Eichmann und den Nationalsozialismus wohl gedeutet, wenn sie die Transkripte dieser Gespräche gesehen hätte? Wenn sie also zum Beispiel gewußt hätte, daß Eichmann seinem Kameraden Sassen anvertraute: »Hätten wir ... 10,3 Millionen Juden getötet, dann wäre ich befriedigt und würde sagen, gut, wir haben einen Feind vernichtet.« Was hätte sie gesagt, wenn sie gewußt hätte, daß Eichmann insistierte: »Ich war kein normaler Befehlsempfänger, dann wäre ich ein Trottel gewesen, sondern ich habe mitgedacht, ich war ein Idealist gewesen« (Wojak, S. 200, 63 und 195). Hannah Arendts große Stärke ist ihre politisch geerdete Herangehensweise an die Philosophie. Der Fall Adolf Eichmanns zeigt indes, daß diese Methode riskant ist. Hätte Hannah Arendt die »Sassen-Protokolle« gekannt, hätte sie das Wesen des Nationalsozialismus vielleicht anders beschrieben, als sie es tat. Das muß man wissen, um ihre Vorlesungen *Über das Böse* recht verstehen zu können.

Da Kant ihr nicht hilft, wendet Hannah Arendt sich an Sokrates. Sie zitiert den Gorgias-Dialog, in dem Sokrates sagt: »Es ist besser, Unrecht zu leiden, als Unrecht zu tun.« Warum das? Hannah Arendt beschreibt es so: »Wenn ich Unrecht tue, bin ich dazu verdammt, in unerträglicher Intimität mit einem Unrechttuenden zusammenzuleben; ich kann ihn nie loswerden.« Der Mensch, das setzen Sokrates und Hannah Arendt voraus, ist ein moralisches Wesen, und deshalb kann er es nicht ertragen, im Widerspruch zu sich selbst zu stehen. Wer wissend Unrecht tut, gerät in einen Selbstwiderspruch. Und deshalb müßte einem jeden daran gelegen sein, nichts Böses zu tun. Im Zwiegespräch mit sich selbst entdeckt das Individuum, was es sich verbieten muß, wenn es mit sich selbst in Einklang leben will. Auch weil sie Adolf Eichmann in Jerusalem vor Gericht beobachtet hatte, gewann Hannah Arendt den Eindruck, daß die Nazis dieses Zwiegespräch entweder nicht führen konnten oder nicht führen wollten: Es schien ihnen nichts auszumachen »in unerträglicher Intimität« mit einem Übeltäter zu leben, oder sie merkten es gar nicht. Beides hat Hannah Arendt sich nur mit einer buchstäblich unmenschlichen moralischen Stumpfheit erklären können. Daß Eichmann und andere NS-Täter sich von der moralischen Selbstbetrachtung durchaus nicht verabschiedet hatten und sich vor Gericht bloß konsequent zu gehorsamen Befehlsempfängern stilisierten, um mit einem milderen Urteil davonzukommen, ist Hannah Arendt nicht eingefallen. Daß jemand tausende und abertausende Menschen ermordet und sich selbst dennoch anschließend für anständig hält, hat sie, die schockiert war, sich vermutlich wirklich nicht vorstellen können. Im Hinblick auf, sagen wir, die Vernichtung der Indianer wäre es ihr vielleicht möglich gewesen. Angesichts der NS-Verbrechen konnte sie es nicht.

Weil Adolf Eichmann und andere Angeklagte sich im Gerichtssaal nicht so aufführten, wie es einem Ort der Wahrheit entsprochen hätte, weil sie vielmehr Ausflüchte machten, sich selbst zu unzuständigen Befehlsempfängern erklärten und jede Einsicht in das Grauenhafte des Nationalsozialismus verweigerten, haben sie sich in Hannah Arendts Augen nicht bloß zu Unpersonen, sondern zu Nicht-Personen gemacht. Anstatt wenigstens im nachhinein Einsicht zu zeigen, verzichteten die angeklagten Naziverbrecher »willentlich auf alle persönlichen Eigenschaften ..., als ob dann niemand mehr übrigbliebe, der entweder bestraft oder dem vergeben werden könnte. Immer und immer wieder beteuerten sie, niemals etwas aus Eigeninitiative getan zu haben; sie hätten keine wie auch immer gearteten guten oder bösen Absichten gehabt und immer nur Befehle befolgt«.

Damit gaben diese Leute sich für Hannah Arendt nicht bloß als Soziopathen zu erkennen, sie verwirkten auch die Möglichkeit, ihnen Verzeihen zu gewähren. Diese alte christlich-jüdische Kulturtechnik, das Verzeihen, war nach allem, was Hannah Arendt von den NS-Prozessen wußte und im Nachkriegsdeutschland wahrzunehmen meinte, im Hinblick auf die deutschen Untaten nicht möglich. Geständigen kann man verzeihen, nicht aber Leuten, die sagen, sie hätten nichts getan oder sie hätten von nichts gewußt. Ihrer sprachlosen Fassungslosigkeit angesichts der Shoah ist Hannah Arendt, die Wortmächtige, sich bewußt gewesen. Ihr Satz, »dies hätte nie geschehen dürfen«, ist mehr ein Aufschrei denn ein Kommentar. In der Geistesgeschichte suchte sie nach einem Zusammenhang, in dem dieser Satz – der erste und stets aufs neue auch der letzte, der ihr zur Shoah einfiel – das Weiterdenken möglich machte. So kommt sie auf Jesus. Mit ihm vollzieht sie eine Wendung ihrer Perspektive. Weil die Täter sich dem Gespräch unter Menschen entziehen, sprechen nur mehr ihre Taten. »Das Böse«, schreibt Hannah Arendt, »wird, nach Jesus, als ein ›Stolperstein‹, als ›skandalon‹, definiert, den menschliche Macht nicht entfernen kann, so daß der wirkliche Übeltäter als der Mensch erscheint, der niemals hätte geboren werden dürfen – es wäre besser für ihn, ›daß ein Mühlstein an seinen Hals gehänget und er ersäuft würde im Meer‹. Kriterium ist nicht mehr das Selbst und womit zu leben das Selbst ertragen kann oder nicht, sondern ganz allgemein der Vollzug der Tat und deren Folgen.«

In der Bibel steht nicht, was dies Böse sei. Hannah Arendt betrachtet die Shoah als das zur schrecklichen Wirklichkeit gewordene »skandalon«, von dem Jesus sprach. Der Historiker Dan Diner hat es »Zivilisationsbruch« genannt. Für Hannah Arendt besteht dieser nicht allein in der Shoah, sondern auch darin, daß die Täter sich der Einsicht in ihre Taten verweigern. Damit haben sie die Brücken zur Verständigung unter Menschen abgebrochen. In *Eichmann in Jerusalem* hat Hannah Arendt dies ganz ähnlich beschrieben. Das Buch endet mit einer furiosen fiktiven Urteilsrede auf Adolf Eichmann: »... auch wenn wir unterstellen, daß es reines Mißgeschick war, das aus Ihnen ein willfähriges Werkzeug in der Organisation des Massenmords gemacht hat, so bleibt eben doch die Tatsache bestehen, daß Sie mithalfen, die Politik des Massenmordes auszuführen ... So bleibt also nur übrig, daß Sie eine Politik gefördert und mitverwirklicht haben, in der sich der Wille kundtat, die

Erde nicht mit dem jüdischen Volk und einer Reihe anderer Volksgruppen zu teilen, als ob Sie und Ihre Vorgesetzten das Recht gehabt hätten, zu entscheiden, wer die Erde bewohnen soll und wer nicht. Keinem Angehörigen des Menschengeschlechts kann zugemutet werden, mit denen, die solches wollen und in die Tat umsetzen, die Erde zusammen zu bewohnen. Dies ist der Grund, der einzige Grund, daß Sie sterben müssen« (Arendt: *Eichmann in Jerusalem*, S. 403f.). Im Verlauf der Vorlesung wandert Hannah Arendt von der Frage, ob der einzelne sich selbst noch ertrage, wenn er Böses tut, zu der Frage, ob es der Welt zumutbar sei, mit einzelnen weiterzuleben, die Böses taten. Sie hat, genau wie Jesus, nicht bestimmt, welches die Kriterien seien, die darüber entscheiden, wer der Menschheit noch zumutbar sei. Anders als Jesus hat Hannah Arendt indes Vorschläge gemacht, wer darüber auf Erden befinden solle. Sie baute auf eine Institution wie die Vereinten Nationen. Über die Gründung des Internationalen Strafgerichtshofs in Den Haag, so sie diese noch erlebt hätte, wäre sie erfreut gewesen.

Das Böse, das Hannah Arendt in Gestalt der NS-Verbrechen entgegentrat, war eigen, weil es indifferent war und sich selbst nicht kannte. Weil es indifferent war, war es banal: das Resultat von Gedankenlosigkeit. So nahm Hannah Arendt es jedenfalls wahr. Die Beteuerungen der NS-Angeklagten hält Hannah Arendt natürlich nicht in jedem Fall für wahrheitsgemäß, aber die Schlüsse, die sie aus diesen Einlassungen zieht, sind nur dann stringent, wenn man davon ausgeht, daß die Angeklagten wahrheitsgemäß sagten, wie ihnen als Mörder und Mordhelfer zumute war. Hannah

Arendts Einschätzungen changieren in dieser Hinsicht ein wenig. Sofern wir uns freilich daran halten, daß sie »das völlige Fehlen von Heuchelei« für ein Charakteristikum des NS-Systems hielt, müssen wir konstatieren, daß sie die planvolle Verteidigungsstrategie von Adolf Eichmann und anderen Angeklagten nicht ganz durchschaute, anderenfalls sie ihr Buch über Eichmann ja auch anders geschrieben hätte.

Die Banalität des Bösen liegt für Hannah Arendt also darin, daß es Nicht-Personen sind, die sich in NS-Deutschland schuldig machten, Leute eben, die »willentlich auf alle persönlichen Eigenschaften verzichteten«. Daß sie dies gar nicht taten, sondern vor Gericht eine Maske aufsetzten, hat sich heutzutage halbwegs herumgesprochen. Hannah Arendts Wendung von der »Banalität des Bösen« trifft trotzdem den Nagel auf den Kopf – nur daß es keine Nicht-Personen waren, die diese Taten verübten, sondern Jedermänner.

Ganz abgesehen davon, daß die Soziologie nicht Hannah Arendts Sache war, gab es zu ihren Lebzeiten auch noch nicht den psychologisch-soziologischen Zweig der wissenschaftlichen NS-Betrachtung, der heutzutage sogar mit einem eigenen Namen versehen ist: Täterforschung. Hannah Arendts Frage – wie konnte das geschehen? – hat auch der Soziologe Harald Welzer gestellt. Viele Selbstzeugnisse von Wehrmachtsoldaten und SS-Leuten, viele Vernehmungsprotokolle hat Welzer gelesen, und sie zeigten ihm, daß die Mörder sehr genau wußten, was sie taten, sich jedoch tatsächlich als »Opfer einer Aufgabe« verstanden. Wenige unter ihnen empfanden nichts als Genugtuung, wenn sie wehrlose Menschen töteten. Aber weil sie ihre »Feinde« zu kennen meinten und sich im Krieg befanden, unterstellten sie sich dem Dienst an der höheren Sache und beschränkten ihre moralische Selbstwahrnehmung darauf, wie sie die kleinen Handlungsspielräume ausnutzten, die selbst die perfekteste Mordmaschinerie offenläßt. Auch überzeugte Nationalsozialisten gingen nicht in ihren Taten auf. Vielmehr hielten sie diese für eine Notwendigkeit, die sie auf sich nehmen mußten. Ihr Handeln betrachteten sie, so Welzer, »als etwas von ihrer Person Unabhängiges«. Die eigene Integrität bestätigte sich für sie in kleinen Momenten der Entscheidung, in denen sie, weil sie eine Wahl treffen mußten, sich als moralisch rücksichtsvoll erlebten. Aus »Menschlichkeit« haben manche Soldaten oder SS-Männer deshalb erst die Mütter erschossen und dann die Kinder, während andere es »menschlicher« fanden, zuerst die Kinder zu erschießen und danach ihre Mütter. Man muß diesen Leuten unterstellen, daß sie eine Form des Sokratischen Selbstgesprächs pflegten, von dem Hannah Arendt annahm, es sei den Nazis fremd. Allerdings war das Alter ego in diesem inneren Zwiegespräch kein Mörder, sondern ein ordentlicher Kerl, der sich, wo es eben ging, anständig verhielt. Gerade dieses Zwiegespräch hat es jenen Tätern auch noch nach dem Krieg erlaubt, sich selbst für anständige Menschen zu halten. Welzer schreibt: »Das Bedrückendste beim Lesen der Vernehmungsprotokolle und autobiographischen Aufzeichnungen ist das völlige Fehlen von Unverständnis demgegenüber, was man getan hat, ist die psychologische Bruchlosigkeit, mit der man ein Leben leben kann, das die Erschießung von, sagen wir, 900 Männern, Frauen und Kindern ebenso enthält wie das Nachdenken darüber, welches Studienfach denn wohl für den eigenen Sohn das geeignete wäre« (Harald Welzer: *Täter. Wie aus ganz normalen Menschen Massenmörder werden*, Frankfurt a. M., 2005, S. 13). Das ist sie: die Banalität des Bösen.

Und das ist die furchtbare Lehre, die wir aus allem, was wir vom Nationalsozialismus wissen, ziehen müssen: Das Böse ist schnell getan, die meisten sind dazu in der Lage. Wenn »der Feind« einmal definiert ist, wenn die Leute sich von ihm bedroht fühlen und die Gesellschaft einen Ausnahmezustand erlebt, wie er von der NS-Regierung zunächst inszeniert wurde und 1939 tatsächlich eintrat, dann finden die Leute sich recht schnell bereit, diesen »Feind« zu bekämpfen, beim Einkaufen, am Schreibtisch oder im Feld, jeder nach seinen Fähigkeiten – und die meisten, ohne »Nachdenken« in Hannah Arendts Verständnis. Wer das spezifisch Böse des Nationalsozialismus in den Gemütern der Täter sucht, stößt lediglich auf das allgemein Menschliche.

Das Böse des Nationalsozialismus und der Shoah ist einzigartig, aber es ist nicht in Motiven und Bestreben der Täter zu finden, sondern in dem, was der Historiker Hans Mommsen, die »systemische Radikalisierung« des Nationalsozialismus nennt. Gewaltsamkeit war gewissermaßen das Programm des Dritten Reiches. Sämtliche zivilisatorischen Errungenschaften dieses Staates wurden für den Zweck des immer effizienteren Mordens eingesetzt, ohne daß es im Einzelfall notwendigerweise einen Befehl dafür gab. Die vielfältig motivierte Initiative der einzelnen und die Zwecke des Staates ergänzten einander. Die Erfurter Firma Topf & Söhne zum Beispiel hatte seit Beginn des 20. Jahrhunderts Dampfkesselanlagen gebaut. Dann erhielt sie den lukrativen Auftrag, die KZs mit Krematorien zu bestücken. Dieser neuen Aufgabe widmete sie sich mit um so mehr Energie, als hier Innovation wirklich gefragt war: Das möglichst schnelle Einäschern von möglichst vielen Leichen war bis dahin noch niemals Aufgabe von Ofenbauern gewesen. Der Berufsstolz der Ingenieure brachte Ungeheures hervor. Ohne daß die SS oder eine andere staatliche Stelle einen Auftrag erteilt hätte, legte ein Ingenieur von Topf & Söhne Pläne für einen vierstöckigen Verbrennungsofen vor, der ohne Koks oder Erdöl betrieben werden konnte: Die Leichen selbst gaben in dieser Konstruktion den Brennstoff her. Solche Umstände sind es, die das KZ-System des Dritten Reiches ausmachten. In ihnen liegt das Böse, hier zeigt es sich.

Die deutsche Geschichte hat das Böse in ein neues Licht gestellt. Die Frage nach den Ursprüngen dieses Neuen kann man aus dem Innenleben der Täter heraus indes nicht klären. Ihre Ratlosigkeit angesichts der gedankenlosen Indifferenz der Täter hat Hannah Arendt dazu bewogen, sich diese am Ende als Soziopathen vorzustellen: als Leute, die eine Zumutung für die Menschheit sind. Weiter kommen wir, wenn wir uns die Täter mit dem Wort, das viele zur Verteidigung anführten, tatsächlich als »Rädchen« im Getriebe vorstellen: allerdings als Rädchen eines Getriebes, das auch in ihren eigenen Köpfen lief, nachdem die regierende Ideologie es angeworfen hatte. Im Dritten Reich herrschte eine systemische Logik, die auf Gewalt und Vernichtung zielte. Und viele einzelne waren bereit, sich in diese Logik einzufügen.

Daß »es« immer wieder geschehen könne, hat Hannah Arendt gewußt und geschrieben. Je länger sie sich mit diesem Gedanken beschäftigte, desto größer war ihr Staunen darüber, daß es nicht notwendig immer geschah. Schon in *Eichmann in Jerusalem* hat sie über die Länder geschrieben – Dänemark, Bulgarien –, die ihre Juden nicht auslieferten. In *Über das Böse* kommt sie Mal um Mal auf die einzelnen zu sprechen, die sich gegen Volk und Staat für die Verfolgten einsetzten. Sie spricht nicht vom organisierten Widerstand, sondern von den wenigen Bürgern, die, wenn auch von Natur unpolitisch, sich intuitiv gegen das wandten, was in ihrem Land geschah. Das seien Leute gewesen, schreibt Hannah Arendt, die »nie so etwas wie einen großen moralischen Konflikt oder eine Gewissenskrise durchgemacht haben«. Sie wußten, was sie zu tun hatten, ohne sich darüber viele Gedanken zu machen. Woher sie das wußten, läßt Hannah Arendt offen.

Der Historiker Wolfram Wette schätzt, daß von rund 19 Millionen Wehrmachtsangehörigen ungefähr einhundert den Kriegszielen zuwiderhandelten, indem sie Menschen halfen, anstatt sie zu töten (zitiert nach Welzer, S. 192). Vielleicht hat Wolfram Wette schlecht gezählt, vielleicht waren es mehr. Und wenn es zehntausend gewesen wären, würde das etwas ändern?

Das große Geheimnis ist nicht das Böse. Nein, es ist die

Frage, warum es noch unter den schlimmsten Umständen immer einzelne gibt, die sich nicht bloß dem Mittun verweigern, sondern Leib und Leben aufs Spiel setzen für Zwecke und Ideen, die wir summarisch »das Gute« nennen.

Namenregister

Zur Autorin

Hannah Arendt wurde am 14. Oktober 1906 in Hannover geboren. Sie ging in Königsberg zur Schule und studierte dann in Marburg, Freiburg und Heidelberg Philosophie (vor allem bei Martin Heidegger und Karl Jaspers), außerdem Theologie und Altphilologie. Bei Karl Jaspers promovierte sie 1928 mit einer Arbeit über den Liebesbegriff bei Augustin.

1929 heiratete sie Günther Stern (später Günther Anders). 1933 wurde sie in Berlin wegen ihrer illegalen Arbeit für die »Zionistische Vereinigung für Deutschland« verhaftet. Nach kurzem Gefängnisaufenthalt floh sie über Prag nach Paris ins Exil. Dort beendete sie ihr Buch über Rahel Varnhagen. 1941 konnte sie mit ihrem zweiten Mann Heinrich Blücher in die USA einwandern, 1951 wurde sie amerikanische Staatsbürgerin. Sie schrieb Kolumnen für die Zeitung »Aufbau«, unterrichtete und arbeitete zeitweise als Lektorin für den Schocken-Verlag.

1949 reiste sie erstmals wieder nach Europa und besuchte auch Deutschland. Während dieser Reise traf sie auch Martin Heidegger und Karl Jaspers wieder.

1951 erschien das Buch, das sie weltberühmt machte: »The Origins of Totalitarianism« (deutsch 1955: »Elemente und Ursprünge totaler Herrschaft«). Es folgten »The Human Condition« (deutsch 1960: »Vita activa«) und 1963 »On Revolution« (deutsch 1965: »Über die Revolution«).

1961 verfolgte sie im Auftrag der Zeitschrift »The New Yorker« in Jerusalem den Prozeß gegen Adolf Eichmann. Ihr Buch »Eichmann in Jerusalem«, das aus den Beiträgen für den »New Yorker« entstand, erschien 1963 (deutsch 1964: »Eichmann in Jerusalem«) und löste in den USA, in Israel und in Deutschland heftige Kontroversen aus.

Nachdem sie lange Jahre als Gastprofessorin an amerikanischen Universitäten gelehrt hatte, übernahm sie 1963 an der University of Chicago eine Professur für »political science« und folgte 1967 einem Ruf an die New School for Social Research in New York.

Am 4. Dezember 1975 starb Hannah Arendt in New York.

Eine Reihe von Büchern erschien aus dem Nachlaß, darunter 1978 »The Life of the Mind« (deutsch 1979: »Vom Leben des Geistes«), 1982 »Lectures on Kant's Political Philosophy« (deutsch 1985: »Das Urteilen«), »Was ist Politik?« (1993), und »Denktagebuch 1950–1973« (2002).

Von Hannah Arendt liegen im Piper Verlag vor:

Über Palästina
Hannah Arendt (Biografie von Thomas Meyer)
Vorträge und Aufsätze 1930–1938
Vorträge und Aufsätze 1941–1950
Vorträge und Aufsätze 1951–1960
Vorträge und Aufsätze 1961–1977
Vom Leben des Geistes
Macht und Gewalt
Briefwechsel (mit Karls Jaspers)
Briefe 1936–1968 (mit Heinrich Blücher)
Elemente und Ursprünge totaler Herrschaft
Eichmann in Jerusalem
Fragwürdige Traditionsbestände im politischen Denken der Gegenwart
Wir Juden
Rahel Varnhagen
Der Liebesbegriff bei Augustin
Denktagebuch
Vita activa oder Vom tätigen Leben
Über die Revolution
Im Vertrauen (mit Mary McCarthy)
Wie ich einmal ohne Dich leben soll, mag ich mir nicht vorstellen…
Vor Antisemitismus ist man nur noch auf dem Monde sicher
Was heißt persönliche Verantwortung in einer Diktatur?
Schreib doch mal ‚hard facts' über dich (mit Günther Anders)
Menschen in finsteren Zeiten
Wahrheit und Lüge in der Politik
In der Gegenwart
Eichmann war von empörender Dummheit (mit Joachim Fest)
Das Urteilen
Ich selbst, auch ich tanze
Wahrheit gibt es nur zu zweien
Hannah Arendt (Das Buch zum Film)
Eichmann in Jerusalem
Zwischen Vergangenheit und Zukunft
Über das Böse
Denken ohne Geländer
Was ist Politik?

Vom Weg des Menschen zu sich selbst

Karl Jaspers
Weltgeschichte der Philosophie
Einleitung

Piper Taschenbuch, 192 Seiten
ISBN 978-3-492-30343-9

Karl Jaspers' Programm einer »Weltgeschiche der Philosophie« erschöpfte sich keineswegs in dem bereits umfassenden Konzept seiner »Großen Philosophen«. Vielmehr wird deutlich, daß Jaspers neben einer Geschichte der »philosophierenden Persönlichkeiten« auch eine Weltgeschichte der »Denkformen« und der »philosophischen Gehalte« schreiben wollte. In seiner »Einleitung« entwickelte Jaspers die Grundzüge dieses Gebäudes, das er nicht vollenden konnte.

Leseproben, E-Books und mehr unter www.piper.de